KONRAD WALLENROD,

RÉCIT HISTORIQUE

TIRÉ DES ANNALES DE LITHUANIE ET DE PRUSSE.

LE FARIS.

SONNETS DE CRIMÉE.

TRADUITS DU POLONAIS PAR MM. FÉLIX MIASKOWSKI ET G. FULGENCE

ORNÉS DU PORTRAIT DE L'AUTEUR.

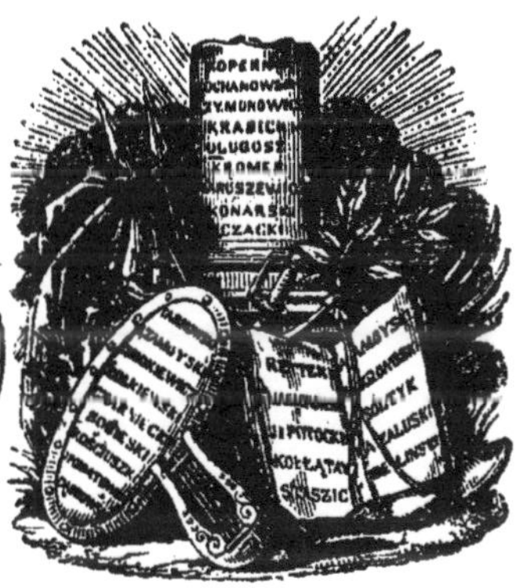

LIBRAIRIE DE SÉDILLOT,

ÉDITEUR-COMMISSIONNAIRE,

RUE DE L'ODÉON, N. 30, A PARIS.

MDCCCXXX.

Dovete adunque sapere, come sono due generazioni da combattere, bisogna essere volpe e leone.

POÉSIES

DE MICKIEWICZ.

Se trouve aussi

CHEZ BARBEZAT, RUE DES BEAUX-ARTS, N. 6.

MÊME MAISON, A GENÈVE.

IMPRIMERIE DE A. BARBIER,

RUE DES MARAIS S.-G., N. 17.

PRÉFACE.

La nation lithuanienne composée de diverses tribus de Lithuaniens, de Prusses (1) et de Lettes, faible, resserrée dans un pays étroit et stérile, long-temps inconnue à l'Europe, fut forcée vers le treizième siècle, par les agressions de ses voisins, à un redoublement d'énergie et d'activité. Tandis que les Prusses pliaient sous le glaive des chevaliers Teutons, les Lithuaniens, sortis de leurs bois et de leurs marais, portaient le fer et le feu dans les états d'alentour et se rendaient soudain formidables au Nord. Les chroniques n'expliquent pas, par quel moyen une nation si faible et si longs-temps tributaire, put s'affranchir de ses ennemis et les menacer à son tour, comment, engagée dans une guerre à mort avec l'ordre Teutonique, elle pouvait de l'autre côté ravager la Pologne, rançonner le grand duché de Novogorod et s'avancer jusqu'aux rives du Volga, jusqu'à la presqu'île de Crimée. L'époque la plus brillante de l'histoire de la Lithuanie est le temps d'Olgerd et de Witold dont le pouvoir s'étendait de la Baltique à l'Euxin. Mais ce vaste empire eut une croissance trop rapide, pour laisser germer dans son sein une force intime, qui unît et animât toutes ses parties hétérogènes. La nationalité lithuanienne, disséminée sur un sol trop vaste, perdit sa couleur propre. Les Lithuaniens avaient subjugué beaucoup de peuplades russes et étaient entrés en relations politiques avec la Pologne. Les Slaves, déjà chrétiens depuis long-temps, avaient atteint un plus haut degré de civilisation; quoique vaincus ou menacés par les Lithuaniens, ils ressaisirent petit à petit leur prépondérance morale sur un dominateur puissant mais barbare et l'envahirent comme les Chinois ont envahi leur conquérans Tatars. Les Jagellons et leurs riches vassaux se firent

(1) Prusses, peuplade mère des Prussiens.

Polonais; beaucoup de princes lithuaniens, propriétaires en Russie, adoptèrent la religion, la langue et les mœurs russes (1), de cette façon le grand-duché de Lithuanie cessa d'être lithuanien et la nation lithuanienne proprement dite rentra dans ses anciennes limites. Son idiome cessa d'être celui de la cour et des grands et se conserva seulement dans le bas peuple. La Lithuanie offre le curieux spectacle d'un peuple perdu dans l'étendue de ses conquêtes, comme un ruisseau qui, après un débordement, baisse et coule dans un lit plus étroit.

Plusieurs siècles ont déjà passé sur les événemens que nous allons raconter: la Lithuanie et son mortel ennemi l'ordre Teutonique, ont disparu de la scène politique; les rapports des peuples voisins ont totalement changé; l'intérêt et les passions, qui alors embrâsaient les guerres, se sont éteints; les souvenirs eux-mêmes n'ont pas été conservés par les chants populaires. La Lithuanie est déjà toute dans le passé, aussi son histoire ouvre une heureuse carrière à la poésie; le poète en chantant les événemens de ces temps n'a besoin que d'envisager son sujet sous le rapport historique, de l'étudier, de le rendre avec talent, sans faire appel aux intérêts, aux passions et aux caprices de ses lecteurs. Voilà les sujets que Schiller veut qu'on choisisse.

Was unsterblich im Gesang soll leben,
Muss im Leben untergehen.

« Ce qui doit vivre immortel dans les chants, doit être passé de la vie.

(1) Les lecteurs ne doivent point confondre la Russie d'alors, qui se nomme *Rus* en polonais, avec l'empire actuel de Russie appellé *Rossya*.

(*Note de l'éditeur*).

KONRAD

WALLENROD.

INTRODUCTION.

Depuis cent ans, l'ordre teutonique se baigne dans le sang des payens du Nord. Déjà le Prusse a plié la tête sous le joug, où bien il a livré sa terre pour sauver sa vie. L'Allemand poursuit les fugitifs et porte l'esclavage et le meurtre jusqu'aux frontières de Lithuanie.

Le Niémen sépare les Lithuaniens de leurs ennemis; d'un côté brillent les faîtes des temples, et bruissent les forêts, asiles des dieux; de l'autre, plantée sur un tertre, la croix, enseigne des Allemands, le front caché dans le ciel, étend ses bras menaçans vers la Lithuanie comme pour embrasser de sa hauteur et placer à la fois sous ses pieds toutes les terres de Palemon (1).

D'un côté, des troupes de jeunes Lithuaniens, avec leurs kolpaks de loup-cervier et leurs vêtemens de peau d'ours, l'arc sur les épaules, la main pleine de flèches, parcourent le rivage épiant les manœuvres des Allemands; de l'autre côté, avec son casque et son armure, l'Allemand à cheval reste

(1) Chef des premières hordes qui s'établirent en Lithuanie.

immobile; l'œil fixé sur les retranchemens ennemis il charge son mousquet et compte son rosaire.

Les uns et les autres défendent le passage. Ainsi le Niémen jadis fameux par son hospitalité, lien des états des deux peuples-frères est maintenant pour eux le seuil de l'éternité, et nul sans perdre la vie ou la liberté ne peut passer cette eau proscrite; seulement la liane de la Lithuanie, attirée par les charmes du peuplier de la Prusse, gagnant les saules et les plantes aquatiques, étend comme auparavant ses bras audacieux, et, traversant le fleuve qu'elle ceint d'une molle guirlande, va trouver son amant sur la rive opposée; seulement les rossignols des bocages de Kowno continuent comme auparavant avec leurs frères du mont de Zapuszcza leurs ramages lithuaniens, ou portés par leurs ailes légères, ils volent, hôtes heureux, sur leurs communes îles.

Et les hommes? — La guerre a séparé les hommes; elle n'est plus l'antique amitié des Prusses et des Lithuaniens : mais malgré la haine commune l'amour rapproche parfois des êtres isolés : — J'en ai connu deux qui s'aimaient !...

O Niémen! bientôt vont se précipiter dans tes ondes les phalanges semant la mort et le pillage, et la hache dépouillera de leurs vertes guirlandes tes rives autrefois respectées.

Le bruit des canons chassera le rossignol des bocages; tout ce que la nature unissait de sa chaîne d'or, sera brisé par la haine des nations; tout sera brisé. — Mais les cœurs des amans s'uniront encore dans les chants du Waïdelote (1).

(1) Nom correspondant, en Lithuanie, à celui de troubadour.

L'ÉLECTION.

I.

Au château de Marienbourg les clocles tintent, le canon tonne, le tambour bat; un jour solennel dans l'ordre teutonique! de toutes parts les Komtours (1) arrivent dans la capitale où, rassemblés en chapitre, ils vont invoquer le Saint-Esprit, et délibérer sur quel sein ils placeront la grand'croix, dans quelles mains ils remettront le grand glaive. Un jour puis un autre s'écoulent en délibérations; beaucoup de chevaliers sont sur les rangs, tous d'une haute naissance, tous ayant bien mérité de l'ordre; cependant jusqu'ici les frères réunissent leurs suffrages sur un, supérieur à tous, Wallenrod.

Étranger, inconnu en Prusse, il remplit de sa renommée toutes les cours étrangères. S'il poursuivait les Maures dans les montagnes de Castille, ou l'Ottoman sur les mers, toujours au premier rang dans la mêlée, il était le premier sur les remparts, le premier à l'abordage des vaisseaux musulmans; et dans les tournois, s'il entrait en lice et daignait lever sa visière, nul ne voulait combattre à outrance avec lui; et chacun lui cédait le premier laurier.

(1) Nom des dignitaires de l'ordre.

»Fameux entre tous les chevaliers, ce n'est pas seulement par ses hauts faits qu'il a illustré sa jeunesse, c'est surtout par ses vertus chrétiennes, la pauvreté, l'humilité, le mépris du monde.

»Konrad ne brille pas dans la foule des hommes de cour, par un parler facile ni des manières élégantes; jamais pour un vil salaire il n'a vendu son bras aux barons en discorde. Jeune, il s'est voué tout entier à la solitude du cloître, il a renoncé aux louanges, aux dignités; même de plus simples et plus douces récompenses, les chants des ménestrels et les faveurs de la beauté ne touchent point son âme froide. Wallenrod écoute les éloges avec indifférence, regarde de loin les traits d'un beau visage et fuit le charme des entretiens.

»Est-il né fier et insensible, ou l'est-il devenu par l'âge? — Jeune encore, il a déjà les cheveux gris et les joues ridées, traces de ses longues souffrances.

»On le comprend à peine; il y a des momens où il partage les jeux de la jeunesse, écoute avec plaisir les causeries des femmes, réplique par de bons mots, aux bons mots des courtisans; où il prodigue avec un froid sourire des propos complaisans aux dames comme des bonbons aux enfans; ce sont de rares momens d'oubli. Soudain un mot indifférent, vide de sens pour tout autre, éveille en lui de violentes passions; les mots patrie, devoir, amante, un trait aux croisades ou à la Lithuanie empoisonnent à l'instant la gaîté de Wallenrod; sitôt qu'il les entend, il détourne la tête, redevient insensible à tout et se replonge dans de profondes rêveries. Peut-être le souvenir de sa sainte profession l'éloigne des douceurs du monde; il ne cherche que les seules douceurs de l'amitié, il ne s'est choisi qu'un seul ami, saint par ses vertus et son pieux état; c'est un moine gris, nommé Halban; celui-ci partage l'isolement de Wallenrod, il est le confesseur de son âme, il est le confident de son cœur. Heureuse amitié! c'est un saint sur la terre qui s'est acquis l'amitié d'un saint.»

Ainsi les chefs de l'ordre se rappellent les vertus de Konrad, mais il a un défaut, car est-il quelqu'un sans défaut? Konrad n'aime pas les plaisirs mondains, Konrad ne se mêle pas aux orgies; cependant seul, enfermé dans sa chambre, quand le chagrin ou l'ennui l'oppresse, c'est en buvant qu'il cherche à les dissiper, alors ses traits changent, sur son visage pâle et sévère éclate une rougeur maladive; ses grands yeux, jadis azurés que le temps à légèrement éteints et altérés, s'embrâsent des étincelles de leurs premiers feux; un soupir de regret s'échappe de son sein, une larme mouille sa paupière, sa main cherche un luth, sa bouche laisse tomber des chants, des chants mélodieux dans une langue étrangère, mais que comprennent les âmes de ceux qui l'écoutent : il suffit d'ouïr cette musique lugubre, il suffit d'observer l'attitude du chanteur; — on voit dans tous ses traits l'effort de la mémoire, ses sourcils froncés, ses regards abaissés comme pour arracher quelque chose aux entrailles de la terre. Quel peut être l'objet de son chant, sans doute à travers de vagues images, sa pensée poursuit sa jeunesse dans les abîmes du passé! — Où est son âme? — Dans un monde de souvenir.

— Mais jamais sa main, emportée par l'harmonie, ne tire du luth de gais accords, et ses lèvres semblent craindre d'innocens sourires comme des péchés mortels. Toutes les cordes résonnent tour-à-tour sous ses doigts, hors une seule, hors la corde de la joie. — Tous les sentimens sont de moitié entre l'auditeur et lui, hormis un sentiment, — l'espoir.

Plusieurs fois les frères l'avaient surpris ainsi et ne concevaient pas son étrange changement. Konrad, revenu à lui, s'emportait, se courrouçait, il jetait le luth, ne chantait plus et prononçait tout haut d'affreux blasphêmes. Il parlait bas à Halban, poussait des cris de guerre, donnait des ordres et faisait de terribles menaces, on ne savait à qui. Les frères s'étonnent; le vieux Halban s'assied, plonge un regard dans les yeux de Konrad, un regard perçant, glacial et sévère, plein d'un secret langage. Soit qu'il rappelle un souvenir, un conseil, ou éveille une crainte dans le cœur de Wallenrod, il calme son front orageux, et éteint le feu de ses yeux et de son visage. Ainsi, dans une arène, quand le gardien des lions devant les dames, les seigneurs, les guerriers, ouvre la grille de la cage de fer et donne le signal avec le cor, le royal animal tonne du creux de sa poitrine et la terreur saisit les spectateurs; le gardien seul ne bouge pas, immobile, les bras croisés, il frappe puissamment le lion de ses regards, et ce talisman d'une âme immortelle tient enchaînée cette force brute et sans frein.

II.

Au château de Marienbourg les cloches tintent ; de la salle du conseil marchent à la chapelle le premier komtour, les grands dignitaires, les prêtres, les frères et une troupe de guerriers. Le chapitre écoute les vêpres et chante un hymne au Saint-Esprit.

HYMNE.

« Esprit saint, lumière de Dieu, colombe de Sion, daigne éclairer aujourd'hui des rayons de ta face lumineuse le monde chrétien, degré terrestre de ton trône, et déployer tes ailes sur les frères de Sion ; que de tes ailes un rayon éblouissant, à l'égal du soleil, jaillisse en auréole dorée sur le front le plus digne de cette grâce ineffable, et soudain nous tous, fils de l'homme, nous nous prosternerons devant celui que tu couvriras de tes ailes. Fils sauveur ! qu'un signe de ta main toute-puissante désigne entre tous celui qui doit se glorifier du signe sacré de ta passion, celui qui doit commander avec le glaive de Pierre aux armées de la foi et étaler aux yeux des payens les bannières de ton royaume ; que le fils de la terre humilie son front et son cœur devant l'homme dont le sein brillera de l'étoile de la croix.

Ayant prié ils sortirent. — L'archi-komtour ordonna qu'après quelques instans de repos on rentrât au chœur, et que de nouveau on priât Dieu d'éclairer les frères, les prêtres et les électeurs. — On alla prendre le frais du soir.

Les uns s'assirent sous le vestibule du château, d'autres parcouraient les bois et les jardins. — La nuit était calme et belle comme en mai; déjà se présentait l'incertaine matinée; parcourant les champs de saphirs, la lune au pâle visage, à la tremblante lumière, tantôt s'endormait dans un épais nuage, et, tantôt argentée, abaissait sa tête silencieuse et solitaire, comme un amant pensif en un lieu désert, parcourant en idée tout le cercle de la vie, espoirs, plaisirs, tourmens, tantôt verse des larmes tantôt lève un œil joyeux, penche enfin son front sur sa poitrine et tombe dans la léthargie de la méditation.

D'autres guerriers se distraient par la promenade; mais l'archi-komtour ne perd pas les instans, il fait appeler Halban et quelques frères choisis qu'il prend à l'écart pour leur demander conseil loin d'une foule importune, leur communiquer ses pensées et leur donner des avis. Ils sortent du château et marchent vers la plaine : ainsi causant sans nul souci du chemin, ils errent quelques heures à l'entour, près les bords tranquilles du lac. —Le jour naît; il faut regagner la ville. — On s'arrête. — Une voix! — D'où? — De la tour de l'Angle. —Ils écoutent attentivement, c'est la voix de la solitaire. —Dans cette tour, depuis dix ans, une femme pieuse, inconnue, venue de loin à Marienbourg pour suivre une inspiration du ciel ou adoucir les remords de son cœur, par le baume de la pénitence, a trouvé un asile secret, et s'est ensevelie vivante en ce tombeau. — Long-temps les prélats ont repoussé sa demande, enfin vaincus par la constance de sa prière, ils lui ont donné dans cette tour un réfuge isolé. Sitôt qu'elle eut passé le seuil sacré, on y entassa des briques et des pierres, elle resta seule avec ses pensées et Dieu, et la porte qui la sépare des vivans ne sera plus ouverte que par les anges au jour du jugement.

En haut, une petite fenêtre, une grille, par où de pieuses mains lui donnent la nourriture, et le ciel, l'air et la lumière du jour. — Pauvre pécheresse, la haine du monde a-t-elle donc tant aigri ta jeune âme que tu redoutes le soleil et l'éclat d'un ciel pur. — Jamais, depuis qu'elle se fut enfermée dans sa tombe personne ne la vit à la fenêtre de la tour, respirer la fraîche haleine du vent, ni comtempler l'horizon dans les feux d'un beau jour, les belles fleurs sur la terre émaillée, ou les visages de ses semblables plus beaux encore que le reste.

Seulement on sait qu'elle vit, car parfois un saint pèlerin, errant de nuit près de son asile, est arrêté par des accens mélodieux, sans doute les accens de quelque pieux cantique; et quand les enfans des villages prussiens jouent ensemble le soir dans la prairie voisine, il brille à sa fenêtre quelque chose de blanc, comme un rayon de l'aube naissante; sont-ce les tresses ambrées de ses cheveux, est-ce l'éclat de sa main d'un blanc de neige qui bénit la tête des innocens? — Le komtour qui avait dirigé ses pas de ce côté entend parler en passant près de la tour de l'Angle : « Toi, Konrad, oh Dieu!.. le destin s'accomplit... toi, grand-maître! pour les assassiner!... ne te reconnaîtront-ils pas?... tu te caches en vain, en vain comme un serpent tu changerais de peau, il vivrait encore dans ton âme trop du passé; il vit bien en moi, — même après ta mort.... Si tu revenais, les croisés te reconnaîtraient encore. »

Les chevaliers écoutent, c'est la voix de la solitaire, ils lèvent les yeux vers le grillage, elle paraît penchée, elle semble tendre les bras, vers quelqu'un — vers qui? personne à l'entour, — seulement passe au loin comme l'éclat d'un casque d'acier, et comme une ombre sur la terre; est-ce le manteau d'un guerrier?.. Tout a disparu; sans doute c'est une illusion, ou l'étincelle d'un rayon de l'aurore. — Les ombres du matin ont passé sur la terre.

« Frères, dit Halban, remercions le ciel; c'est la volonté du ciel qui sans doute nous a conduits ici. Fions-nous à la voix prophétique de la solitaire. Avez-vous entendu?.. un augure sur Konrad. Konrad, nom du brave Wallenrod. — Arrêtons-nous. Que les frères prêtent serment entre les mains des frères; demain au conseil, il sera notre grand-maître.

C'est dit, s'écrièrent-ils, c'est dit. — Et ils partirent en poussant des cris. Long-temps dans la vallée, l'écho du triomphe et de la joie répéta : — Vive Konrad! vive l'ordre! vive notre grand-maître! mort au paganisme!!

Halban reste plongé dans ses pensées. Il jette sur eux un regard de mépris, tourne les yeux vers la tour et en partant il murmure ce chant à voix basse :

CHANSON.

« La Wilia, mère de nos torrens a un lit d'or et des eaux azurées; la belle Lithuanienne qui en puise les eaux a un cœur plus pur et des lèvres plus fraîches.

» La Wilia, dans notre belle vallée de Kowno, coule au milieu des tulipes et des narcisses; aux pieds de la Lithuanienne, la fleur de notre jeunesse surpasse en beauté les roses et les tulipes.

» La Wilia dédaigne les fleurs de la vallée, car elle cherche le Niémen son amant; la Lithuanienne s'ennuie parmi les Lithuaniens, car elle aime un jeune étranger.

» Le Niémen la saisit de ses bras nerveux, l'emporte à travers des rochers et des plaines sauvages, presse son amante contre son sein glacé et ils périssent ensemble dans l'abîme des mers.

» Et toi aussi! pauvre Lithuanienne, un étranger t'éloignera de tes vallées paternelles, tu seras engloutie dans les flots de l'oubli, mais plus triste, mais solitaire.

» Le cœur et le torrent sont avertis en vain. La jeune fille aime, et la Wilia coule. La Wilia disparaît dans son Niémen chéri, la jeune fille pleure dans la tour solitaire. »

III.

Quand le grand maître eut baisé le livre des lois sacrées, qu'il eut fini la prière et reçu du komtour le glaive et la grand'-croix, insignes du pouvoir, il releva fièrement la tête, cependant un nuage de soucis pesait sur son front. Il lança sur l'assemblée un regard où se peignait en traits de flammes un mélange de joie et de colère. Un hôte nouveau pour lui, un sourire passe faible et instantané sur ses lèvres comme l'éclair qui déchire le nuage du matin, annonçant à la fois le lever du soleil et l'orage.

Ce feu du grand-maître, cet air de menace remplissent les cœurs de courage et d'espoir ; ils prévoient des batailles et des conquêtes, et voyent en idée des flots de sang payen ! Qui résisterait à un tel guerrier ? qui ne redouterait son glaive, son regard ? Tremblez, Lithuaniens, voici le moment où la croix va briller aux murailles de Wilna.

Vaines espérances ! — Des jours, des semaines s'écoulent, une longue année se passe tout entière dans la paix.

La Lithuanie menace, Wallenrod ne combat pas, n'envoie personne au combat ; s'il se réveille, s'il agit, c'est pour renverser les antiques coutumes de l'ordre. Il s'écrie que l'ordre est hors de ses saintes lois, que les frères violent leurs vœux !

«Prions, dit-il, renonçons aux richesses, cherchons la gloire dans les vertus et la paix ! Il ordonne des jeûnes, impose des pénitences; il défend les plaisirs, les simples amusemens; il punit toute faute de peines rigoureuses, des cachots souterrains, du bannissement et du glaive.

Cependant les Lithuaniens, qui naguère fuyaient au loin les portes de la capitale de l'ordre, maintenant incendient chaque nuit les villages d'alentour, se saisissent des habitans sans défense, et se vantent sous les murs mêmes du château, d'entendre la messe à la chapelle du grand-maître. Pour la première fois les enfans, sur le seuil des toits paternels, tremblent au son du cor samogitien.

Quel temps peut-être plus favorable à la guerre ! La Lithuanie est déchirée par des dissensions intestines; là le Russe courageux, là le Polonais intrépide, là les kans de Crimée conduisent leurs puissantes nations. — Witold, chassé du trône par Jagellon, est venu demander des secours à l'ordre; en revanche, il promet des terres et des trésors; et cependant il demande encore en vain.

Les frères murmurèrent, le conseil s'assemble, le grand-maître ne vient pas, le vieux Halban court. Il ne trouve Konrad ni dans le château, ni dans la chapelle; où est-il?— Sans doute à la tour de l'Angle. Les frères ont observé ses pas durant la nuit; tous savent que chaque soir, quand d'épaisses ténèbres voilent la terre, il erre sur les bords du lac, ou bien à genoux, appuyé contre le mur, couvert de son manteau, jusqu'à l'aurore, il brille au loin comme une statue de marbre. Il veille la nuit entière sans songer au sommeil; souvent, à la voix de la solitaire il se lève répond à voix basse, l'oreille éloignée ne saisit pas le sens de ses paroles; mais au mouvemens de son casque, à l'agitation de ses mains, à sa tête relevée, on comprend que l'entretien roule sur de graves questions.

Chant de la Tour.

» Qui comptera mes soupirs et mes larmes? Y a-t-il tant d'années que je pleure? y a-t-il tant d'âcreté dans mon sein et mes yeux que ce grillage se soit rouillé par mes soupirs? Partout où tombe une larme, elle pénètre la pierre glacée comme si c'était le cœur d'un être sensible.

» Il est un feu éternel dans le château de Swentorog, de pieux prêtres entretiennent ce feu. Il est une source éternelle dans la montagne de Mendog, les neiges et les vapeurs alimentent cette source. Personne ne nourrit mes soupirs et mes larmes, pourtant mon cœur et mes yeux souffrent encore.

» Caresses d'un père, baisers d'une mère, riche château, contrée riante, jours sans angoisses, nuits sans rêves! — Dans la maison et au dehors, nuit et jour, le repos m'accompagnait invisible, comme un ange de paix.

» Chez ma mère, nous étions trois belles filles! je fus demandée la première en mariage; heureuse jeunesse, heureux biens! — Qui m'a dit qu'il fut un autre bonheur? Beau jeune homme! pourquoi m'as-tu fait connaître ce que personne ne savait en Lithuanie?

» Ce Dieu tout-puissant, ces anges célestes, ces villes de pierre ou règne la sainte foi et où les jeunes filles écoutent des princes, braves aux combats comme nos guerriers, tendres en amours comme nos pâtres.

» Ce ciel délicieux où l'homme, délivré de sa dépouille terrestre, s'élève avec son âme! Ah! je le crus car je pressentais une vie céleste rien qu'à t'entendre, — et depuis lors je rêve heureuse ou malheureuse, seulement à toi, seulement aux cieux.

» La croix sur ton sein réjouissait mes regards, j'y voyais le signe du bonheur à venir. Hélas! de cette croix est partie la foudre: autour de moi tout s'est tu, s'est éteint; je ne regrette rien malgré mes larmes amères, car tu m'as enlevé tout et laissé l'espérance. — »

«Espérance!» répétèrent les bords du lac, les vallons et les repaires sauvages. Konrad s'éveille avec un sourire affreux: «Où suis-je, s'écrie-t-il, où l'on parle d'espérance. Pourquoi ce chant? je me rappelle ton bonheur; vous étiez trois belles filles chez ta mère; tu fus demandée la première en mariage... malheur, ô malheur à vous, fleurs charmantes! une terrible vipère s'est glissée dans le verger, partout où passent les replis de son corps, l'herbe se fane, la rose se flétrit et devient jaune comme le ventre de la couleuvre! Retourne en idée dans le passé, rappelle-toi les jours que tu aurais coulés dans la joie si..... tu te tais; non, chante et maudis; qu'elle tombe cette larme de feu qui pénètre la pierre! qu'elle ne coule pas en vain; j'ôterai mon casque de dessus ma tête, qu'elle y tombe, qu'elle me brûle le front, qu'elle y tombe, je veux connaître sur-le-champ ce qui m'attend aux enfers!»

La voix de la tour.

«Pardonne, mon ami, pardonne-moi, je suis coupable; tu es venu tard, l'attente était pénible; et, malgré moi, une chanson d'enfance.... Loin de moi, cette chanson. — Qu'ai-je à me plaindre? — près de toi, mon bien-aimé, près de toi j'ai vécu une minute rapide, mais cette seule minute je ne l'échangerais pas contre toute cette vie que la foule des humains consume dans l'ennui; toi-même disais que les hommes vulgaires sont comme ces coquilles cachées dans le sable, à peine une fois par an, elles apparaissent, poussées par la marée d'hiver hors de cette eau bourbeuse, bâillent, respirent l'air du ciel et rentrent dans leur sépulture. — Non, ce n'est pas là mon destin. — Tandis que je coulais encore ma paisible existence, dans ma patrie, au milieu de mes compagnes, il s'élevait en moi, un secret et vague désir et je sentais battre mon cœur agité; souvent je quittais la plaine monotone, je montais sur la plus haute colline et je rêvais ainsi: si chacun de ces rossignols voulait me donner une de ses plumes, j'irais avec eux et j'aimerais, seulement comme souvenir, ceuillir un *pensez-à-moi* (1), puis voler au-delà des nuages, bien haut, bien haut, puis disparaître. Tu m'as exaucée, toi, monarque des airs, tu m'as élevée jusqu'à toi, avec les ailes de l'aigle. Maintenant, rossignols, je ne vous envie rien, car où volerait, quels plaisirs chercherait l'être qui a connu un Dieu grand dans les cieux, qui a aimé un homme grand sur la terre?

KONRAD.

La grandeur! encore la grandeur, mon ange! la grandeur! c'est pour elle que nous languissons dans la détresse! Quelques jours encore, que ton cœur se console, quelques jours seulement et tout sera fait. A quoi servent les regrets à cette heure, nous pleurons; mais tremblez, barbares, si Konrad a pleuré, c'est pour être désormais insensible au meurtre. Pourquoi, ma bien-aimée, pourquoi es-tu venue, loin des murs du cloître, de ce temple de paix? Hélas! n'eût-il pas mieux valu, vouée au service de Dieu, pleurer et mourir loin de moi, dans une sainte maison, que d'attendre la mort en ce pays de fraude et de proie, dans une tour sépulcrale et dans de lentes tortures, que de mendier des secours à travers les barreaux de cette grille inflexible.—Et moi, il me faut entendre et voir cette longue agonie, il me faut à l'écart maudire mon âme d'avoir gardé quelque reste de sensibilité.

LA VOIX DE LA TOUR.

Tu te plains, ne viens plus, tu viendrais et supplierais en vain, tu ne m'entendras plus! Je vais fermer cette croisée et descendre dans ma tour obscure où je dévorerai en silence des larmes amères. Adieu pour jamais, adieu, mon bien le plus cher! Périsse le souvenir de cette heure où tu n'as pas eu pitié de moi!

(1) C'est la fleur qu'on appelle en allemand Vergiss-mein-nicht.

KONRAD.

Oh! toi-même! aie donc pitié de moi; tu es un ange, demeure, ou, si ma prière ne te retient pas, je brise ma tête sur l'angle de cette tour; demeure, oh! je t'en supplie par cette mort de malédiction!

LA VOIX.

Ayons tous deux pitié de nous; souviens-toi, mon bien-aimé, que dans ce vaste espace, sur cette terre immense, nous sommes deux seulement, deux gouttes de rosée sur cette mer de sable; qu'au moindre souffle de vent nous disparaîtrons à jamais. Ah! disparaissons ensemble! Je ne suis pas venue pour te tourmenter; je n'ai pas voulu prendre le voile religieux, tant qu'un amour mortel dominait mon cœur, j'ai désiré demeurer dans le cloître et vouer humblement ma vie au service des religieuses; mais là, sans toi, tout, autour de moi, était si nouveau, si étrange, si sauvage!... Je me suis rappelé qu'après bien des années tu devais revenir à Marienbourg tirer vengeance de nos ennemis et défendre la cause de notre malheureux peuple. Qui attend abrège en pensée les années: je me disais :... Peut-être il revient déjà, peut-être il est revenu; ne m'est-il pas permis avant d'ensevelir ma vie dans un tombeau de demander à le voir encore une fois, de mourir près de lui? — J'irai donc, me dis-je alors, dans une maison solitaire, près de la route, sur les débris d'un rocher; peut-être quelque guerrier, en passant près de mon asile, prononcera-t-il une fois le nom de mon amant, peut-être, entre les casques, j'apercevrai son cimier; qu'il change d'armure, qu'il charge son écu d'une autre devise, qu'il change de visage, même de loin, mon âme devinera mon amant. Qu'obéissant à un devoir terrible, il ravage et verse des torrens de sang, que tout autour de lui le maudisse, il restera une âme qui de loin osera le bénir. C'est ici que j'ai choisi mon asile et ma tombe, dans cette calme solitude où nul voyageur indiscret ne peut épier mes gémissemens; je sais que tu aimes les promenades solitaires et j'ai pensé : Peut-être une fois il viendra loin de ses compagnons méditer au bruit du vent et des flots de ce lac, il songera à moi, il entendra ma voix. — Le ciel a satisfait ces innocens désirs; tu vins, tu compris mes chants. Jadis je priais que ton image me consolât dans mon sommeil et c'était une image sans vie. — Aujourd'hui, que de bonheur! aujourd'hui nous pouvons ensemble — ensemble verser des pleurs...

KONRÁD.

Et que feront nos pleurs?... J'ai pleuré, tu t'en souviens, quand je m'arrachai à toujours de tes bras, quand de moi-même, je mourus au bonheur pour accomplir de sanglans desseins. — Enfin, mon trop long martyre est couronné, je touche au but de mes désirs, je puis me venger de mes ennemis. Et toi, tu es venue m'arracher la victoire. — Depuis le jour où tu m'as vu de la grille de la tour, il n'y a plus pour moi dans l'univers que le lac, la tour et la grille. Tout, autour de moi, respire la guerre; dans le bruit des trompettes, dans le fracas des armes, moi inquiet, l'oreille tendue, je cherche le son de ta voix angélique. Toute ma journée n'est qu'une attente, et lorsque enfin arrive l'heure du soir je veux la prolonger en souvenir. Je compte ma vie par mes soirées. Cependant l'ordre se plaint du repos, il demande la guerre, il court au devant de sa perte, et le haineux Halban me poursuit sans relâche. Tantôt il me rappelle mes vœux, les villages saccagés, le pays dévasté; si je résiste à ses plaintes, il sait d'un soupir, d'un geste, d'un regard, rallumer mon besoin assoupi de vengeance. Mon destin s'accomplit; rien ne peut détourner les croisés de la guerre. Hier, nous avons reçu un message de Rome, le zèle religieux a rassemblé d'innombrables troupes de diverses nations. Tous veulent que je les mène avec le glaive et la croix sur les remparts de Wilno; et cependant, je l'avoue à ma honte, à cette heure qu'il s'agit de la destinée des peuples, je pense à toi, j'imagine des retards pour vivre encore un jour près de toi. O jeunesse! qu'ils sont grands tes sacrifices. Jeune, j'ai sacrifié, sinon sans regret, du moins avec courage, amour, ciel et bonheur pour la cause de ma patrie, et vieillard aujourd'hui, quand m'appellent aux combats le devoir et la volonté de Dieu, je ne puis détacher ma tête blanche de ces murs, crainte de perdre.... tes paroles.

Il se tait, dans la tour on n'entend plus que gémir; de longues heures s'écoulent en silence, la nuit se dissipe, un rayon de l'aurore fait rougir le bord de l'eau paisible, la brise du matin bruit entre les feuilles de l'arbuste qui sommeille, les oiseaux commencent un doux ramage, puis se taisent et par un long silence annoncent qu'ils se sont éveillés trop tôt. Konrad se lève, tourne son front vers la tour; triste, il contemple long-temps la grille; le rossignol chante, Konrad jette un regard autour de lui, il fait jour; il laisse tomber sa visière, se cache le visage dans les replis de son manteau; de la main salue la solitaire et disparaît entre les arbres. Ainsi l'esprit infernal fuit la porte d'un hermite au son de la cloche du matin.

IV.

LE REPAS.

C'est la fête du patron, jour solennel! — Les Komtours et les frères arrivent à la capitale, des drapeaux blancs se balancent sur les tours, Konrad va faire à ses guerriers les honneurs d'un repas.

Cent manteaux blancs flottent autour de la table; sur chaque manteau s'étend une longue croix noire, ce sont les frères, et derrière eux sont debout en cercle les novices prêts à les servir.

Konrad est à la place d'honneur; à sa gauche est Witold avec les chefs de l'armée; jadis ennemi, maintenant hôte de l'ordre; il s'est lié par traité contre la Lithuanie.

Le grand-maître se lève et donne le signal du festin: « Réjouissons-nous en Dieu! » et soudain les coupes brillent; « Réjouissons-nous en Dieu! » répètent mille voix, l'argent résonne et le vin coule à flots.

Wallenrod s'assied; appuyé sur son coude il entend avec dédain les propos indécens; le vacarme s'apaise et quelques plaisanteries à voix basse se mêlent à peine au son léger des gobelets.

« Réjouissons-nous, dit-il. Eh quoi! mes frères, est-ce ainsi qu'il convient à des guerriers de se réjouir? tout d'abord un tumulte d'hommes ivres et puis des chuchotemens. —sommes-nous des brigands ou des moines?

» C'étaient d'autres mœurs de mon temps; quand sur un champ de bataille jonché de morts, au milieu des montagnes de Castille ou des forêts de Finlande, nous buvions autour des feux du camp.

» On chantait là, et vous, n'avez-vous donc ni barde ni ménestrel? le vin réjouit le cœur de l'homme, mais le chant est le vin de la pensée. »

Aussitôt plusieurs chanteurs de se lever. D'abord un gros Italien, à la voix de rossignol, loue le courage et la piété de Konrad; puis un troubadour des bords de la Garonne chante les amours de ses bergers, de ses dames enchantées, et de ses chevaliers errans.

Wallenrod s'assoupit, les chants finissent; réveillé soudain par le bruit qui vient de cesser, il jette à l'Italien une bourse remplie d'or : « C'est moi seul que tu as loué dans ton chant, je ne puis te donner d'autre récompense, prends et va. Quant au jeune troubadour qui sert l'amour et la beauté, qu'il pardonne si dans ce cercle de soldats, il n'y a pas de dame complaisante qui lui puisse attacher un bouquet de roses.

» Ici les roses se fanent. Il me faut un autre barde; un frère guerrier veut une autre chanson, qui soit sauvage et rude comme le son des cors et le bruit des armes, sombre comme les murs d'un cloître, furieuse comme un solitaire enivré.

» Pour nous qui bénissons et tuons les hommes, une chanson doit chanter à la fois le meurtre et la piété. Qu'elle nous touche au vif, nous irrite, qu'elle nous fatigue et fatigués nous effraie. Telle est notre vie, tel doit-être notre chant, qui le chantera, qui? — Moi répond un vieillard vénérable assis près de la porte entre les écuyers et les pages. — Prusse ou Lithuanien? — Son costume l'indique, sa barbe épaisse est blanchie par l'âge, sa tête est couverte d'un reste de cheveux gris, son front et ses yeux sont voilés, son visage porte l'empreinte d'une longue vie de souffrance, sa main droite tient un vieux luth, il étend la gauche vers la table pour demander audience. Tout le monde s'est tu. « Je chante; s'écrie-t-il, jadis j'ai chanté aux Prusses et aux Lithuaniens; maintenant les uns sont morts en défendant leur patrie, les autres ne veulent pas survivre à sa perte et préfèrent mourir auprès de son cadavre, comme ces serviteurs fidèles qui, heur ou malheur, périssent sur le bûcher de leur maître. D'autres se cachent honteusement dans les forêts, d'autres enfin, comme Witold, vivent au milieu de vous. Mais après leur mort, Allemands, répondez-moi, interrogez vous même les lâches, traîtres à leur pays, que feront-ils quand, dans l'autre monde, condamnés aux feux éternels, ils voudront invoquer leurs ancêtres au paradis? dans quelle langue demanderont-ils du secours? Croyez-vous que dans leur barbare jargon d'Allemagne, leurs ancêtres reconnaissent la voix de leurs fils?

» O enfans! quelle honte pour la Lithuanie. Aucun de vous n'a pris ma défense, quand, vieux Waïdelote, j'ai été traîné de l'autel dans les fers des Allemands. Solitaire, j'ai vieilli sur une terre étrangère, chanteur, hélas! je n'ai pas à qui chanter, j'ai regardé la Lithuanie et j'ai perdu les yeux à force de pleurer. Aujourd'hui si je voulais donner un soupir à ma maison, je ne sais où elle est cette maison chérie, ici, là, où partout ailleurs.

» Ce n'est que dans ce cœur que j'ai gardé le peu qui me reste de ma patrie, et ces faibles débris de mes anciens trésors, Allemands, arrachez-les moi, arrachez mes souvenirs.

» De même qu'un guerrier, vaincu dans un tournoi, ne sauve sa vie qu'au prix de l'honneur; honteux de ses jours qu'il traîne dans l'opprobre, il retourne une dernière fois près de son vainqueur, une dernière fois il rassemble toutes ses forces et brise son arme à ses pieds. Ainsi moi, inspiré par un dernier désir, je veux encore prendre mon luth. Que le dernier, Waïdelote lithuanien, vous chante donc une dernière chanson lithuanienne! »

Il dit et attend la réponse du grand-maître. Tout le monde demeure dans un profond silence, Konrad épie d'un œil railleur et perçant le visage et les gestes de Witold.

Tous ont remarqué que, quand le Waïdelote a parlé de traîtres, Witold a changé de couleur. Il a bleui, pâli, rougi de nouveau, il s'est ému de courroux et de honte.

Enfin, portant la main à la poignée de son épée, il s'avance, traverse la foule étonnée, lance un regard au vieillard et s'arrête, le nuage de colère qui obscurcissait son front se décharge soudain en un torrent de larmes, alors il revient, s'assied, cache sa figure sous son manteau et s'abîme dans de secrètes réflexions. Les Allemands se disaient tout bas: Pourquoi admettre ce vieux mendiant à nos repas? qui écoute sa chanson? qui la comprend?

Des propos semblables partent du sein des convives, des éclats de rire s'y mêlent et vont toujours croissant. Les pages sifflent dans des noyaux et crient: « Voilà l'air de la chanson lithuanienne. » Konrad se lève: « Braves guerriers, aujourd'hui, d'après une ancienne coutume, l'ordre reçoit les présens des villes et des princes. C'est comme tribut d'un pays conquis, que ce mendiant offre sa chanson. Ne rejetons pas le tribut du vieillard; agréons sa chanson, ce sera le denier de la veuve. Nous avons au milieu de nous un prince lithuanien, ses généraux sont les hôtes de l'ordre, il leur plaira d'entendre le souvenir d'anciens faits d'armes rajeunis dans leur idiome. — Si quelqu'un n'entend pas qu'il s'éloigne, moi, parfois j'aime ces sombres accens d'une inintelligible chanson lithuanienne, comme j'aime le fracas d'une tempête violente, ou le bruit sourd d'une pluie de printemps. Il est doux de dormir au milieu de cet orage.

Chanson du Waïdelote.

Quand la peste doit frapper la Lithuanie, l'œil attentif devine l'instant de son approche. S'il faut en croire les Waïdelotes, une femme, image du fléau, apparaît à plusieurs reprises dans les cimetières et les champs, vêtue de blanc, une couronne de feu sur la tête, son front s'élève au-dessus des plus hauts arbres, et dans sa main flotte un voile sanglant.

Les gardes des châteaux cachent leurs yeux sous leurs visières et les chiens des paysans enfoncent leur museau dans la terre, fouillent, pressentent la mort et hurlent affreusement.

La femme poursuit sa marche de sinistre augure à travers hameaux, bourgs, et villes populeuses. Autant de fois qu'elle agite son voile, autant de châteaux deviennent déserts. Partout où son pied se pose, il s'élève une tombe. Fantôme terrible ! — Mais bien plus de malheurs encore annonçaient aux Lithuaniens, sur la frontière d'Allemagne, le casque brillant aux plumes d'autruche et le manteau large à la croix noire.

Partout où ce fantôme a passé, ce n'est plus rien que cités et villages détruits. Une contrée tout entière s'ensevelit dans ses décombres. O vous tous, qui avez sauvé une âme lithuanienne, venez à moi, nous nous asseoirons sur le tombeau des peuples, nous rêverons, nous chanterons et nous verserons des pleurs.

Chants populaires ! arche d'alliance entre les temps anciens et les nouveaux, c'est en vous qu'une nation dépose les trophées de ses héros, la suite de ses pensées et la fleur de ses sentimens.

Arche sainte ! nul coup ne t'atteint, ne te brise, tant que ton propre peuple ne t'a pas outragée. O chanson populaire ! tu es la garde du temple des souvenirs nationaux ; tu as les ailes, la voix d'un archange, tu as souvent aussi ses armes.

La flamme dévore les œuvres du pinceau, les brigands pillent les trésors, la chanson échappe et survit; elle court parmi les hommes, et si les âmes avilies ne la savent pas nourrir de regrets et d'espérances, elle fuit dans les montagnes, s'attache aux ruines, et de là redit les temps anciens; ainsi le rossignol s'envole d'une maison incendiée, se pose un instant sur le toît, et si le toît s'affaisse, il fuit dans les forêts, et d'une voix sonore il chante un chant de deuil aux voyageurs, entre des ruines et des sépulcres.

J'ai écouté les chants; souvent un paysan séculaire, à la vue des os que remuait le soc de sa charrue s'arrêtait et jouait sur un chalumeau une prière des morts, ou bien, dans de tristes vers il vous vantait, ô vous, ayeux sans postérité. Les échos l'accompagnaient, j'écoutais de loin, et ce spectacle et cette chanson me touchaient d'autant plus que j'étais seul à les voir, à les entendre.

Comme au jour du jugement, la trompette des anges évoquera du tombeau le passé frappé de mort, ainsi à l'écho de la chanson, les ossemens s'élevaient sous mes pieds et formaient des images gigantesques.

Voici que des décombres sortent des colonnes, des portiques; des lacs immobiles retentissent du bruit de rames nombreuses; voici les portes des châteaux ouvertes, les couronnes des princes, les armures des guerriers; les bardes chantent, une troupe de jeunes filles danse; ainsi je rêvais des merveilles; mais hélas! quel réveil affreux!

Les forêts et les monts de ma patrie ont disparu, la pensée dont le vol a fatigué les ailes tombe et se cache en un obscur asile. Le luth s'est tû dans ma main glacée; au milieu des tristes gémissemens de mes compatriotes, je n'entends plus la voix du passé. Mais les étincelles d'un feu de jeunesse brûlent encore dans les cœurs; souvent elles s'embrâsent, vivifient l'âme et éclairent la mémoire: alors la mémoire est une lampe de cristal décorée de brillantes peintures; elle est obscurcie par les souillures et la poussière, mais qu'on allume du feu au foyer, elle attirera encore les regards par la vivacité des couleurs et fera briller aux lambris du palais, des tapis éclatans quoique légèrement pâlis.

Oh! si j'étais capable de verser ma propre ardeur dans l'âme de ceux qui m'écoutent, de ressusciter les images de ce qui n'est plus; si je savais faire retentir dans l'âme de mes compatriotes des paroles énergiques; peut-être, à l'instant même où les toucherait le chant patriotique, ils sentiraient en eux ces mêmes battemens du cœur, cette antique grandeur d'âme, et vivraient une minute, aussi magnanimes que leurs ayeux l'étaient toute leur vie.

Mais, pourquoi évoquer les siècles passés? Le poète ne doit pas accuser les temps; car il est un grand homme, qui vit non loin de nous, c'est lui que je chante: écoutez Lithuaniens!

Le vieillard s'est tu et prête l'oreille autour de lui, pour voir si les Allemands lui permettent de chanter encore. Il règne dans la salle ce profond silence qui encourage le poète.

Il commence donc un chant, mais sur un autre sujet, car il module des accords plus lents et plus mesurés, il touche les cordes plus rarement et moins fort, et il redescend de l'hymne à un simple récit.

Récit du Waïdelote.

D'où viennent les Lithuaniens? Ils viennent d'une excursion nocturne; ils rapportent de riches dépouilles conquises dans les églises et les châteaux. Une foule de prisonniers allemands, mains liées, la corde au cou, marche à côté des chevaux des vainqueurs. Ils se tournent vers la Prusse et fondent en larmes; ils se tournent vers Kowno, et se recommandent à Dieu. Au milieu de la ville de Kowno s'étend le champ de Pérun; là les princes de Lithuanie, quand ils rentrent vainqueurs, ont coutume de brûler les guerriers allemands sur un bûcher comme une offrande. Deux guerriers prisonniers arrivent sans frayeur à Kowno, l'un jeune et beau, l'autre courbé sous l'âge. Seuls ils ont déserté durant le combat les régimens allemands, et se sont réfugiés parmi les Lithuaniens. Le prince Keistut les accueille, mais il les fait entourer de gardes et conduire dans son château. — « De quel pays êtes-vous? dans quel dessein venez-vous?—Je ne sais, dit le jeune homme, ni mon nom, ni ma naissance; encore enfant, je fus pris par les Allemands. Je me rappelle seulement que, quelque part, dans une grande ville, était la maison de mes parens; une ville boisée, sur des hauteurs, la maison était de brique rouge; autour des collines, dans la campagne s'élevait une forêt d'ifs. A travers les bois, au loin, brillait un lac blanc. Une fois, la nuit, une alarme troubla notre sommeil, une lumière rouge frappa la croisée; les carreaux se brisèrent; une épaisse fumée remplit la maison; nous descendîmes à la porte; la flamme tourbillonnait dans les rues; les étincelles sortaient de toutes parts; un cri terrible : Aux armes! les Allemands dans la ville!... aux armes!... mon père s'élança, le sabre en main, et ne revint plus. Les Allemands envahirent la maison; un d'eux me poursuivit, m'atteignit, m'enleva sur son cheval; je n'en sais pas davantage. Seulement j'ai entendu long-temps, long-temps, le cri de ma mère; dans le bruit des armes, dans le fracas des maisons en ruines, ce cri m'a poursuivi long-temps, ce cri est resté dans mon oreille. A présent même encore, quand je vois l'incendie et que j'entends un appel aux armes, ce cri s'élève dans mon âme, comme l'écho dans le désert, aux éclats de la foudre. — Voilà tout ce qui m'est resté de la Lithuanie et de mes parens.

Quelquefois, dans mes rêves, je vois encore la noble figure de ma mère, celle de mon père, de mes frères. Mais à mesure que j'avance en âge, un brouillard toujours plus épais me voile de plus en plus leurs traits.

Mes années d'enfance s'écoulaient, je vivais comme

Allemand au milieu des Allemands. J'avais le nom de Valter, on y joignit celui d'Alf. Le nom était allemand, mais l'âme resta lithuanienne; il me resta le regret de ma famille et la haine des étrangers. Winrych, grand-maître de l'ordre, m'élevait dans son palais; c'est lui qui me tint sur les fonds de baptême; il m'aimait et me caressait comme un fils. Moi, je m'ennuyais au palais, je fuyais les genoux de Winrych et j'allais chez le vieux Waïdelote. Il y avait alors, chez les Allemans, un Waïdelote lithuanien, prisonnier depuis longues années. Il servait d'interprète à l'armée. Dès qu'il eut appris que j'étais orphelin et lithuanien, il m'attira chez lui, me parla de la Lithuanie, anima mon cœur dévoré de regrets, par ses caresses, ses chansons et l'accent de l'idiome national. Il me menait souvent aux bords du bleu Niémen. De là j'aimais à contempler les belles montagnes de ma patrie : quand nous retournions au château, le vieillard essuyait mes larmes pour ne pas donner de soupçons; il essuyait mes larmes et rallumait le feu de ma vengeance contre les Allemands. Je me rappelle que, de retour au château, j'aiguisais en secret mon couteau; avec quel plaisir de haine je coupais les tapis de Winrych, ou je brisais ses miroirs; je jetais du sable et je crachais sur son bouclier luisant. Plus tard, dans ma jeunesse, nous vînmes souvent avec le vieillard visiter au port de Kleypède les rives de la Lithuanie; je cueillais des fleurs du pays et leur odeur embaumée inspirait à mon âme d'anciens et obscurs souvenirs; enivré de leur parfum, il me semblait redevenir enfant et dans le jardin de mes parens jouer avec mes petits frères. Le vieillard aidait ma mémoire, il me peignait le bonheur passé en paroles plus suaves que les plantes et les fleurs, et combien il est doux de couler dans sa patrie, au sein de ses amis et de sa famille, les jours de sa jeunesse, et combien d'enfans lithuaniens ne connaissent pas ce bonheur, pleurant dans les chaînes de l'Ordre.

Voilà ce qu'il me disait dans les champs, mais sur les plages de la Polangen où la mer houleuse vient briser ses vagues et de sa gueule écumante vomit des torrens de sable : Vois-tu, me disait le vieillard, cette prairie émaillée, déjà le sable l'environne ; vois-tu sur la rive ces herbes odorantes, elles s'efforcent de percer à travers l'amas qui les couvre, hélas! c'est en vain. Une nouvelle hydre de gravier s'avance, déploie ses nageoires, occupe ces terres fertiles et accroît sans cesse l'empire de ses steppes sauvages. Mon fils! ces herbes printanières ensevelies, ce sont les peuples subjugués, ce sont nos frères de Lithuanie, mon fils, ce sable de la mer poussé par la tempête, c'est l'Ordre. Mon cœur saignait en l'écoutant, je voulais tuer les croisés et m'enfuir en Lithuanie. Le vieillard modérait mon emportement. Des guerriers libres, disait-il, peuvent faire choix de leurs armes et combattre en plein champ, avec des forces égales, toi, reste encore, apprends des Allemands l'art militaire, tâche de gagner leur confiance et nous verrons ce qu'il faudra faire.

J'obéis au vieillard, je suivis les armées des Teutons; mais au premier combat dès que j'ai entendu les chants de guerre de ma patrie, je me suis jeté parmi les miens et j'amène le vieillard avec moi : comme le faucon arraché de son nid, et nourri dans la cage, en vain par de cruelles privations, les chasseurs détruisent son instinct et le lâchent pour combattre ses frères les faucons; dès qu'il s'est élevé dans les nues, dès qu'il a jeté un regard sur les vastes régions de cette céleste patrie, dès qu'il a respiré l'air libre, et ouï le bruit de ses propres ailes; va, chasseur, retourne chez toi et n'attends plus le faucon, avec ta cage.

Le jeune homme finit et Keystut l'écoutait avec attention ainsi que sa fille, Aldone, jeune et belle comme une divinité.

L'automne arrive, avec lui les longues veillées. La jeune Keystut, comme de coutume, entourée de ses compagnes, travaille à son métier ou s'amuse à filer, et pendant que les aiguilles vont, que les fuseaux roulent, Valter est là, il raconte des merveilles du pays allemand et de sa jeunesse; tout ce que dit Valter, la vierge l'écoute attentivement, et le dévore en pensée. Elle le sait tout par cœur et par fois le répète dans ses rêves. Valter dit comme sont grands les châteaux et les villes au-delà du Niémen, comme les costumes sont riches et les divertissemens magnifiques, comme des guerriers brisent leurs lances dans des tournois où les dames assistent et accordent des couronnes. Valter parlait du Dieu puissant qui règne au-delà du Niémen, et de la Sainte-Vierge, mère du fils de Dieu. Il montre une belle image de sa figure angélique. Le jeune homme a porté cette image à son cou et voici qu'il la donne à la Lithuanienne, alors qu'il la prépare à la foi chrétienne et fait des prières avec elle. Il voulut lui apprendre tout ce qu'il savait lui-même. Hélas! il lui apprit ce que lui-même ne savait pas encore, il lui apprit à aimer. Et lui même apprenait beaucoup; avec quelle émotion délicieuse il entendait de sa bouche des mots lithuaniens qu'il avait oubliés. A chacun de ces mots se rallumait dans son cœur un nouveau sentiment, comme une étincelle sous la cendre; c'étaient les noms délicieux, de famille, d'amitié, de tendresse et ce nom plus doux que tous les autres, ce mot d'amour, à qui rien n'est égal, si ce n'est le mot de patrie.

« D'où vient, se demande Keystut, ce changement subit dans ma fille? où donc est son ancienne gaîté, où sont ses plaisirs d'enfance? les jours fériés, toutes les filles s'amusent à danser, elle demeure seule et cause avec Valter. Le jour de travail les filles s'occupent à l'aiguille, au métier; l'aiguille lui tombe des mains, au métier tous ses fils se rompent; elle ne regarde pas ce qu'elle fait, tout le monde me le répète; hier je l'ai vue moi-même faire une rose en vert et les feuilles en soie rose. Et comment verrait-elle, quand ses yeux et ses pensées ne cherchent que les yeux et l'entretien de Valter.

» Chaque fois que je demande : Où est-elle? dans la vallée, d'où vient-elle? de la vallée; qu'y a-t-il donc dans la vallée?

Ce jeune homme lui a planté un jardin. — Ce jardin vaut-il les vergers du château ? (Keystut avait de superbes vergers, remplis de pommes et de poires, délices des filles de Kowno). Ce n'est pas le jardin qui l'attire ; cet hiver, j'ai remarqué ses fenêtres dont les carreaux, du côté du Niémen, étaient lisses comme au mois de mai ; la glace n'avait pas pris aux vitres, Valter se promenait là ; sans doute, elle était assise auprès et de sa chaude haleine fondait la gelée aux carreaux. Je pense qu'elle apprendra de lui à lire et à écrire, puisque les princes commencent à instruire leurs enfans. Bon, vaillant, clerc comme un prêtre, dois-je l'éloigner de moi ? il sert si bien la Lithuanie ? C'est lui qui range le mieux les troupes, construit le mieux les remparts, il prépare les armes à feu et vaut seul une armée. Viens, Valter, sois mon gendre, et combats pour la Lithuanie.»

Valter épouse Aldone. — Allemands, vous croyez sans doute que l'histoire est finie; dans vos romans d'amour, quand le héros se marie, le troubadour termine sa chanson en ajoutant seulement que longs-temps ils vécurent heureux. — Valter aima sa femme, mais il avait une âme généreuse et ne trouva pas le bonheur chez lui, parce que le bonheur n'était pas dans sa patrie.

Dès que les neiges ont disparu et que le premier rossignol a chanté (ailleurs le rossignol annonce l'amour et les plaisirs, à la Lithuanie, il n'annonce chaque année que l'incendie et le carnage), les bandes des croisés s'avancent innombrables ; déjà, des montagnes au-delà du Niémen, l'écho apporte le bruit d'une grande armée, le cliquetis des armures, le hennissement des chevaux.

Le camp, comme un brouillard, tombe sur les Lithuaniens, et couvre tous les champs. Les drapeaux de l'avant-garde se montrent çà et là comme des éclairs qui précèdent l'orage.

Les Allemands s'arrêtent aux bords du Niémen, jettent des ponts et ceignent Kowno. Le jour, les murs et les forts s'écroulent battus par le bélier, la nuit, on creuse des mines sous la ville, des bombes enflammées sillonnent l'air et s'abattent sur les toits, comme le faucon sur les oiseaux. Kowno n'est plus que cendre, la Lithuanie se retire à Kieydany, Kieydany subit le même sort, la Lithuanie se défend dans les bois et les montagnes, les Allemands avancent toujours, toujours pillant et saccageant; Keystut et Valter sont les premiers au combat et les derniers à la retraite; Keystut toujours calme; il est fait dès sa jeunesse à combattre l'ennemi, à se jeter sur lui, le vaincre et le fuir. Il sait que ses ancêtres ont lutté sans cesse avec les Allemands, suivant les traces de ses ancêtres, il combat et ne s'inquiète pas de l'avenir. Valter a d'autres pensées, élevé chez les Allemands, il connaît la puissance de l'Ordre, il sait qu'à l'appel du grand-maître, l'Europe prodigue ses trésors, ses armes, ses guerriers.

Les Prusses se sont défendus jadis, les Teutons les ont réduits au néant. Tôt ou tard la Lithuanie doit subir le même sort, il regarde le malheur de Prusses et tremble sur l'avenir des Lithuaniens. « Mon fils, dit Keystut, tu es un terrible prophète; tu arraches le voile de mes yeux et me montres l'abîme. Quand je t'écoute mes mains faiblissent, le courage m'abandonne avec l'espoir du succès, que faire contre les Allemands? — Père, dit Valter, je connais un moyen unique, horrible mais certain. Hélas! peut-être un jour je le dirai. C'est ainsi qu'ils parlaient après la bataille, jusqu'à ce que la trompette les appelât à de nouveaux combats, à de nouveaux désastres.

Keystut est de plus en plus triste, Valter méconnaissable! il n'a jamais été bien gai; dans les instans les plus heureux, un air de rêverie voilait encore ses lèvres, mais aux bras d'Aldone, il avait un front serein, un visage tranquille; il l'accueillait d'un sourire, accompagnait son adieu d'un regard plein d'émotion, aujourd'hui on voit qu'une douleur intime le consume. Toute la matinée, assis devant la maison, les bras croisés, il reste à contempler la fumée des villages et des villes, il regarde avec des yeux farouches; la nuit, il s'arrache au som-

5

meil et observe à travers la croisée obscure la lueur sanglante des incendies.

Cher époux, qu'as-tu ? lui demande Aldone en larmes ; ce que j'ai? faut-il que je dorme en repos, pour que les Allemands m'assaillent et me livrent enchaîné aux mains des bourreaux. —Dieu nous préserve, cher époux; il y a des gardes partout. — Des gardes, il est vrai, je veille et j'ai un sabre, mais quand les gardes seront tués et le sabre émoussé.... Ecoute, si j'atteins une vieillesse malheureuse.... — Nous aurons une consolation dans nos enfans.... — Et soudain les Allemands fondent sur nous, tuent ma femme, m'arrachent mes enfans, les emportent et leur apprennent à tirer sur leur père,.. et moi-même, peut-être, j'aurais assassiné mon père et mes frères, sans le Waïdelote. — Cher Valter, nous fuirons au fond de la Lithuanie, non nous cacherons aux Allemands dans les forêts et les montagnes. — Nous fuirons et nous abandonnerons d'autres mères et d'autres enfans.... Les Prusses ont fait de même, l'Allemand les atteignit en Lithuanie. Et s'il nous découvre dans les montagnes?—Nous fuirons plus loin. — Plus loin?..... Plus loin, malheureuse ? Plus loin que la Lithuanie ; chez les Tatars et les Russes ? A cette réponse Aldone troublée se tait, elle croyait jusqu'alors la patrie aussi grande que le monde, sans limite ; elle apprend pour la première fois qu'il n'y a plus d'asile en Lithuanie ; elle se tord les bras et demande à Valter : Que faire ? — Il n'y a qu'un moyen, un seul moyen reste au Lithuanien de détruire la puissance de l'Ordre; je le connais ce moyen, mais ne m'interroge plus, au nom du ciel ! Maudite à jamais l'heure où les barbares me forceront à m'en servir ?

Il ne veut plus parler, il est sourd aux prières d'Aldone, et ne connaît que les maux de la Lithuanie, eux seuls l'occupent. Enfin le feu de la vengeance, nourri dans le silence, par la vue des calamités et des désastres, s'allume, embrase son âme, et il dévore tout autre sentiment, celui même qui adoucissait vie, le sentiment d'amour, comme un chêne majestueux quand les chasseurs ont allumé du feu dans le creux de son tronc et en ont brûlé le cœur; bientôt le roi des forêts perd ses feuilles mobiles, ses branches volent au vent, enfin se fane la seule verdure qui parait encore sa tige, sa couronne de guy.

Long-temps les Lithuaniens ont erré dans les montagnes, les bois, les châteaux; tantôt assaillant les Allemands et tantôt assaillis par eux. Enfin une bataille sanglante a lieu près de Rudawa, là périssent des milliers de jeunesse Lithuanienne et autant de chefs et de frères croisés; des troupes fraîches sont venues par mer au secours des Allemands, Keystut et Valter avec une poignée de soldats ont regagné les hauteurs; ils rentrent chez eux tristes, couverts de poussière et de sang, avec des sabres cassés et des boucliers fendus. Valter ne regarde pas sa femme, et ne lui dit pas un mot, il parle allemand avec Keystut et le Waïdelote, Aldone n'a rien compris; mais son cœur pressent de sinistres événemens; quand ils ont fini leur conseil, tous trois jettent sur Aldone des regards douloureux; Valter la considère long-temps avec l'expression d'un muet désespoir; tout-à-coup les larmes coulent à torrens de ses yeux, il tombe aux genoux d'Aldone, presse sa main sur son cœur, et lui demande pardon de tout ce qu'elle souffre pour lui.

Malheur, disait-il, aux femmes qui aiment des insensés, dont l'œil plane au-delà des limites de leur village, dont les pensées s'élèvent toujours, comme la fumée, au-dessus des maisons; le bonheur domestique ne leur suffit pas. — De grands cœurs, chère Aldone, sont comme des ruches trop larges, le miel ne peut les remplir, elles deviennent la demeure des lézards. Pardon, chère Aldone, aujourd'hui je vais rester près de toi, je vais tout oublier; aujourd'hui nous serons tout à nous, comme autrefois; demain.... Il craignait d'achever. Quelle joie pour Aldone, d'abord elle pense que Valter va changer, qu'il va devenir calme, enjoué; elle le voit moins pensif, avec plus de vivacité dans les yeux, un teint plus coloré. Valter passe tout le soir aux pieds d'Aldone; pour l'instant, il oublie Lithuanie, guerres et croisés; il parle de l'heureux temps de son arrivée en Lithuanie, de son premier entretien avec Aldone, de sa première promenade dans la vallée, et de tous les moindres événemens de son premier amour; souvenirs si légers et si chers! Pourquoi donc à ce doux entretien venir mêler ce mot: Demain?—Il retombe dans sa rêverie, regarde long-temps Aldone, les larmes lui viennent aux yeux, il voudrait parler, et n'ose : a-t-il évoqué les sentimens et les souvenirs de son ancienne félicité, pour leur dire adieu à toujours? Les entretiens, les caresses de ce soir, sont-elles la dernière lueur de leur flambeau d'amour? Toute question serait inutile. Aldone observe, incertaine, elle attend, quitte son appartement et regarde à travers les fentes de la porte; Valter versait et buvait coups sur coups, il a retenu pour la nuit le vieux Waïdelote.

Le soleil se lève à peine, le pavé retentit du bruit des chevaux. — Deux guerriers, à l'aube du jour, s'enfoncent dans les montagnes; ils ont trompé tous les gardes, hors un seul, l'œil d'une amante est pénétrant, Aldone a deviné la fuite! elle se présente à eux dans la vallée; triste fut la rencontre. —Retourne, ô bien-aimée! retourne, tu seras heureuse, peut-être, tu le seras au sein de ta famille chérie! tu es jeune et belle, tu seras consolée, tu oublieras. Beaucoup de princes autrefois demandaient ta main. Tu es libre, tu es veuve d'un grand homme, qui pour le bien de sa patrie a renoncé même à toi! Adieu, oublie; répands quelques pleurs sur ma tombe. Valter a tout perdu, Valter est demeuré seul, comme le vent dans le désert; il faut qu'il erre, qu'il trahisse, qu'il assassine et qu'il périsse d'une mort honteuse. Mais, après bien des années, le nom d'Alfviendra retentir en Lithuanie, et tu apprendras ses exploits de la bouche des Waïdelotes. Alors, ma bien-aimée, tu te rappelleras que ce guerrier terrible, couvert d'un voile mystérieux, et connu de toi seule, fut ton époux, alors puisse un sentiment d'orgueil te consoler de ton veuvage.

Aldone écoute en silence, mais elle n'entend pas un mot. « Tu pars, tu pars, » s'écrie-t-elle, et elle s'est elle-même effrayée de ces mots, tu pars. Ces mots seuls retentissent à son oreille, elle ne pense à rien, elle ne se rappelle rien; ses pensées, ses souvenirs, son avenir, tout s'est confondu. Mais son cœur a deviné qu'il est impossible de retourner en arrière, impossible d'oublier; elle roule des yeux égarés; plusieurs fois elle a rencontré ceux du farouche Valter, et n'y trouve plus de consolation; elle semble chercher quelque chose de nouveau, promène ses regards autour d'elle; partout des déserts, des forêts. — Au milieu des forêts, s'élève au-delà du Niémen, une tour isolée, c'est un couvent de religieuses, bâti par les chrétiens; c'est là que s'arrêtent les yeux et les pensées d'Aldone, comme la colombe, qu'au sein de la tempête le vent emporte au-dessus de la mer, s'abat sur le mât d'un navire inconnu. Valter comprit les intentions d'Aldone, la suivit tristement, lui confia son dessein et lui recommanda le secret; puis, à la porte... Hélas! la séparation fut affreuse.— Alf et le Waidelote partirent; jusqu'à ce jour, on n'en a rien appris. Malheur! malheur à lui, s'il n'a pas accompli son serment, s'il a renoncé au bonheur, empoisonné celui d'Aldone, s'il a tout sacrifié.... et pour rien.... L'avenir nous apprendra le reste. Allemands j'ai fini ma chanson.»

« Fini, déjà fini. » Grande rumeur dans la salle. — « Et » qu'est-ce donc que ce Valter? quels sont donc ses exploits? » où, sur qui cette vengeance? s'écrient les auditeurs. » Le grand-maître seul, au milieu de cette foule d'hommes ivres, demeure en silence, la tête penchée; dans une vive agitation.. il se verse à chaque instant des rasades et les vide d'un trait.— Sa physionomie a changé; mille sentimens, comme de rapides éclairs se croisent sur ses lèvres enflammées. Son front devient de plus en plus menaçant; sa bouche est pâle et tremble, ses yeux égarés circulent comme des hirondelles au moment de la tempête. — Enfin, il ôte son manteau et s'élance au milieu de l'assemblée : « Quelle est la fin de la chanson? Chante la fin, sur-le-champ ou donne le luth; pourquoi trembles-tu? Donne le luth, verse du vin, et je chanterai la fin, si tu as peur. »

« Je vous connais. Toute chanson de Waïdelote présage le malheur, comme le hurlement des chiens; vous n'aimez à chanter que meurtres et carnages, et ne nous laissez que gloire et souffrance. Dès le berceau, votre perfide chanson enveloppe le sein de l'enfant comme un reptile, et verse dans son cœur de terribles poisons, le désir insensé de la gloire et l'amour de la patrie. C'est elle qui poursuit les traces du jeune homme, comme l'ombre d'un ennemi immolé; elle apparaît souvent au milieu des repas, pour mêler du sang aux coupes de la joie. J'ai prêté l'oreille aux chansons,... trop hélas! C'en est fait, c'en est fait. — Je te connais, vieil ennemi, tu l'emportes! la guerre!... Victoire au poète, donne du vin, tes projets seront accomplis.

Je sais la fin de ta chanson, non... j'en vais chanter une autre. — Quand je combattais aux montagnes de Castille, les Maures m'ont appris une ballade. Vieillard, joue cet air, cet air de mon enfance, que dans la vallée.... Oh! c'était le temps du bonheur! Je ne sais chanter que sur cet air. — Viens donc, vieillard, car, par tous les dieux allemands et prusses.....» Le vieillard fut forcé d'approcher, il pinçait les cordes et d'une voix tremblante suivait les tons farouches de Konrad comme un esclave suit son maître en courroux. Durant ce temps, les flambeaux s'éteignaient sur la table, les guerriers s'étaient endormis par la longueur du repas; mais Konrad chante, ils se réveillent, se tiennent debout, forment un cercle et écoutent attentivement chaque mot de la chanson.

BALLADE.

L'ALPUHARA.

Les forts des Maures sont en ruine, leur nation porte des fers; les citadelles de Grenade se défendent encore, mais à Grenade, la peste.

Aux tours d'Alpuhara tient encore Almanzor avec une poignée de soldats. L'Espagnol a planté ses drapeaux sous les remparts de la ville et demain il monte à l'assaut.

Au lever du soleil, les canons tonnent, les remparts s'ouvrent, les murs croulent; déjà la croix brille aux minarets, les Espagnols ont forcé le château.

Almanzor voit ses soldats écrasés dans leurs défense opiniâtre; il se fait route à travers sabres et traits; s'élance et échappe aux poursuites.

L'Espagnol, sur les ruines fumantes du château, parmi les décombres et les cadavres, fait dresser un repas, s'enivre et partage prisonniers et butin.

Cependant, le garde annonce qu'un guerrier étranger, porteur de nouvelles importantes, demande audience à l'instant même.

C'est Almanzor, roi des Musulmans; il a quitté son asile, se rend lui-même aux Espagnols et ne demande que grâce de la vie.

« Espagnols, dit-il, je viens prosterner mon front au seuil de votre porte; je viens servir votre Dieu et croire à vos prophètes.

» Que la renommée apprenne à l'univers, qu'un Maure, un roi vaincu, veut devenir frère de ses vainqueurs et vassal d'une autre couronne. »

Les Espagnols savent apprécier la vaillance, dès qu'Almanzor est reconnu, le chef l'embrasse, les autres à leur tour saluent leur compagnon d'armes.

Almanzor les embrasse tous également, mais il étreint plus tendrement le chef; il lui presse les mains et le cou, il se penche sur ses lèvres.

Tout d'un coup il faiblit, chancelle, mais de ses mains tremblantes il attache son turban aux pieds de l'Espagnol et l'entraîne à terre avec lui.

Il jette un regard autour de lui. Tous sont frappés de stupeur; ses lèvres sont pâles et bleues, un rire affreux lui tord la bouche, ses yeux se remplissent de sang.

« Voyez, Giaours! je suis bleu, je suis jaune, devinez quel envoyé je suis, je vous ai trompés, je viens de Grenade, je vous ai apporté la peste.

» Mes embrassemens ont jeté dans votre sein le poison qui va vous dévorer, tenez, regardez mes tourmens, voilà comme vous allez mourir. »

Il tombe, il crie; se tord les bras, et voudrait, par un étreinte éternelle, attacher à son sein tous les Espagnols; il rit—d'un rire infernal.—

Il rit. — Il expire. — Mais ses paupières, ses lèvres ne se closent pas, le rire infernal reste à jamais imprimé sur ses lèvres glacées.

Les Espagnols effrayés s'enfuirent de la ville; la peste suivait leurs traces. A peine ont-ils quitté les hauteurs d'Alpuhara, que le reste de l'armée périt.

Voilà comme les Maures se sont vengés. — Voulez-vous savoir la vengeance d'un Lithuanien ? Eh quoi ! S'il vient remplir sa parole et mêler de la peste à du vin... Mais non, oh, non ! Aujourd'hui d'autres mœurs; prince Witold, aujourd'hui les seigneurs lithuaniens viennent nous soumettre leurs pays et nous demandent vengeance contre leur peuple asservi. Mais pas tous au moins... Oh ! non ! par Perun !... Il y en a encore en Lithuanie. — Je vais chanter encore... Va-t'en au diable, avec ton luth, voilà une corde rompue. Il n'y a plus de chanson ; mais j'espère qu'il y en aura... Aujourd'hui j'ai trop bu, trop bu de vin. — Amusez-vous, réjouissez-vous, et toi, Al...manzor... Va-t'en, vieillard, Va-t'en avec Halban. — Laissez-nous seuls.

Il dit, et regagne sa place d'un pas chancelant, il se jette dans son fauteuil; il menace encore, frappe du pied, renverse la table avec les vases et le vin. — Enfin il s'affaiblit, sa tête se penche sur le dossier de son siége, sa vue s'éteint, l'écume couvre ses lèvres palpitantes, il s'endort.

Les chevaliers ont eu un instant d'étonnement; mais ils connaissent la triste habitude de Konrad ; ils savent qu'une fois échauffé par le vin, il tombe dans une sombre frénésie, il perd l'usage de sa raison; mais pendant un repas ! un outrage public ! En présence d'étrangers, une colère sans exemple ! Qui l'a irrité ? Où est ce Waïdelote ? Personne ne le sait, il s'est perdu dans la foule.

On soupçonnait Halban travesti d'avoir chanté la chanson lithuanienne pour exciter les chrétiens à la guerre contre les payens. Mais d'où venait ce changement subit du grand-maître ? d'où la colère de Witold ? — Que signifiait cette ballade fantastique du grand-maître, tout le monde y réfléchissait en vain.

LA GUERRE[1].

La guerre! — Konrad ne peut plus réprimer l'ardeur du peuple et les exigences du conseil. Depuis long-temps le pays ne respire que vengeance contre la trahison de Witoldet l'invasion des Lithuaniens.

Witold mendiait les secours de l'ordre, pour reprendre sa capitale Wilno. A peine, après le repas, a-t-il su que les croisés allaient marcher au combat, qu'il a changé de projet, trahi sa nouvelle alliance, et s'est secrètement échappé avec ses guerriers.

Il entrait dans les châteaux des Teutons avec un faux ordre du grand-maître. Il désarmait les garnisons et mettait tout à feu et à sang. L'Ordre, enflammé de colère et de honte, excite l'Europe à la guerre sainte contre les payens.

La bulle part; par terre et par mer arrivent de tous côtés de nombreuses troupes de guerriers; de puissans princes, entourés de vassaux, décorent leur armure de la croix rouge, et chacun d'eux jure sur sa vie de baptiser les payens... ou de les exterminer.

Ils se sont dirigés vers la Lithuanie; qu'y ont-ils fait? — Si vous voulez l'apprendre, montez sur les remparts, contemplez la Lithuanie au coucher du soleil, vous verrez la lueur qui étend sur la voûte céleste un voile de sang.

(1) Le tableau de cette guerre est tracé d'après l'histoire.

Voilà l'image des guerres d'invasion; il est facile de la peindre; carnage, pillage, dévastations, incendie, affreuse joie des âmes stupides, mais où le sage reconnaît en tremblant la voix qui crie vengeance au ciel. Les vents portent au loin les désastres; on sait que Kowno et Wilno sont assiégées. Bientôt plus de courriers et de nouvelles, plus de flammes dans la contrée. En vain les Prusses attendent les prisonniers et le butin de la conquête; en vain ils envoient à la découverte courrier sur courrier. Les courriers partent en hâte, mais ils ne reviennent pas. Chacun explique à sa manière cette terrible incertitude; on aimerait mieux la certitude, même du malheur.

L'automne est passé; les ouragans d'hiver résonnent dans les monts; ils encombrent les routes; l'aurore boréale brille aux cieux... N'est-ce point plutôt le reflet des horreurs de la guerre? L'éclat des flammes frappe la vue de plus près; et le ciel se rougit à une moindre distance.

Le peuple suit le chemin de Marienbourg; on aperçoit de loin quelques voyageurs qui se frayent une route à travers les neiges. — Konrad! nos chefs! Comment les saluer? vainqueurs ou fugitifs? où sont les autres légions? — Konrad lève la main et montre une troupe disséminée. — Ah! leurs yeux les trahissent; ils courent en désordre, s'enfoncent dans des monceaux de neige, s'y engloutissent et se foulent aux pieds les uns les autres, comme des reptiles qui meurent ensemble dans une cage étroite; ils s'efforcent d'avancer à travers les cadavres, mais ceux qui les suivent les renversent à leur tour. — Les uns peuvent à peine mouvoir leurs pieds engourdis, les autres au milieu de leur marche s'arrêtent immobiles, attachés à la terre, mais ils lèvent les mains, et ces cadavres debout montrent la ville comme les poteaux de la route.

Le peuple accourt de la ville; effrayé, curieux, il craignait de deviner et ne questionnait pas; il lisait tous les événemens d'une entreprise désastreuse dans les yeux et les traits des guerriers.

La mort glacée pesait sur leurs paupières ; la harpie de la faim a creusé leurs joues. Ici on entend le cor des cavaliers lithuaniens; là, le vent roule dans les champs de nouvelles avalanches; tout près, hurle une meute de chiens décharnés, et sur leurs têtes planent des volées de corbeaux.

Tout a péri, Konrad a tout perdu, lui qui s'était acquis tant de gloire par les armes, lui qui s'enorgueillissait de sa prudence. — Dans cette dernière campagne, timide, insouciant, il n'a point reconnu les trames de Witold; trompé, aveuglé par le désir de la vengeance, il a conduit l'armée dans les steppes de Lithuanie, et traîné devant Wilno un siège long et sans énergie.

Quand toutes les provisions et les ressources ont été consumées, quand la faim a ravagé le camp allemand, l'ennemi, dispersé à l'entour, détruisait les secours, coupait les convois, et chaque jour des centaines d'Allemands périssaient de misère; il eût fallu finir la guerre par un assaut, ou penser à temps à la retraite; et c'est alors que Wallenrod, confiant et tranquille, allait à la chasse, ou, renfermé dans sa tente, traçait des plans secrets et refusait d'admettre les généraux aux conseils. Son apathie est devenue telle, qu'insensible aux larmes de son peuple, au lieu de tirer le glaive pour sa défense, il méditait tout le jour, les bras croisés, ou s'entretenait avec Halban.

L'hiver est venu, il a ramené les neiges. Witold avait rassemblé de nouveaux soldats; il assiégeait l'armée et fondait sur le camp : ô! honte pour les glorieux fastes de l'Ordre! Le grand maître a quitté le premier le champ de bataille; au lieu de lauriers et de trophées, il a rapporté la nouvelle des victoires de la Lithuanie.

— Avez-vous remarqué quand, après la défaite, il ramenait aux foyers cette légion de spectres! un chagrin morne obscurcissait son front, la douleur se peignait sur ses traits. —Konrad souffrait; mais voyez ces yeux et cette longue paupière à demi-levée jeter une flamme sinistre, comme une comète qui annonce la guerre, et sans cesse s'agiter comme ces feux follets, avec lesquels Satan égare le voyageur. Un mélange de fureur et de joie donnait à ses regards un éclat infernal.

Le peuple frémit et murmure ; Konrad n'en prend nul souci : il convoque au conseil ses guerriers découragés; il les regarde, parle, fait un signe... O honte! tous l'écoutent avec respect et ajoutent foi à ses paroles. Dans les fautes de l'homme, ils voient le jugement de Dieu. Quel homme ne se laisse persuader par la crainte !...

Arrête orgueilleux potentat! il est des juges pour toi : je connais à Marienbourg un cachot souterrain; là, quand la ville est ensevelie dans les ténèbres, s'assemble *un secret tribunal*. — Là une seule lampe brûle. — Douze fauteuils entourent le trône. — Sur le trône est le livre des lois secrètes. — Douze juges, chacun sous une armure noire, et le visage couvert d'un masque. — Le souterrain les cache à la foule, et leurs masques les cachent les uns aux autres. — Tous ont juré volontairement et unanimement de punir les délits de leurs puissans chefs, leurs délits scandaleux ou secrets pour le monde. Quand leur arrêt est prononcé, ils ne pardonnent pas même à leur propre frère. Chacun doit par la force ou la ruse exécuter la sentence sur le coupable. Ils ont le poignard à la main, et le glaive au côté.

Un des hommes masqués s'est approché du trône, et, debout, le glaive nu devant le livre de l'Ordre, a dit*: « Juges inexorables, notre soupçon est confirmé par des preuves; l'homme qui s'appelle Konrad Wallenrod ne l'est pas! Ce qu'il est? on l'ignore; il y a douze ans il est venu, on ne sait d'où, au pays qui borde le Rhin. Quand le comte Wallenrod partit pour la Palestine, il fit partie de sa suite comme écuyer.

Bientôt le chevalier Wallenrod périt, on ne sait où ni comment : l'écuyer, soupçonné de l'avoir assassiné, quitta secrètement la Palestine, et vint en Espagne où, dans la guerre contre les Maures, il donna mille preuves de bravoure, mérita les prix de tournois, et se rendit célèbre sous le nom de Wallenrod. Enfin il devint membre de l'ordre et se fit grand-maître pour notre perte. — Ses actes sont connus. Cet hiver, quand nous avions à combattre et le froid, et la faim, et la Lithuanie, Konrad visitait seul les forêts, les prairies..... il y avait des entrevues avec Witold !

» Mes espions observent depuis long-temps ses démarches. Pour le voir, ils se sont cachés près de la tour de l'Angle; ils n'ont pas compris ce que disait Konrad à la solitaire, mais, ô juges! il parlait le langage des Lithuaniens!

» Prenant en considération ce que les affidés du tribunal secret nous ont dénoncé il y a peu de jours, ce que j'ai appris aujourd'hui par mes espions, ce que tout le monde répète; juges! j'accuse notre grand-maître d'hérésie, d'assassinat et de trahison. »

L'accusateur s'agenouilla devant le livre de l'Ordre, et, la main levée sur le crucifix, il jura la vérité des faits sur Dieu et sur la passion de Notre-Sauveur.—Il s'est tu.

Les juges examinent la cause; personne ne parle; un profond silence règne dans l'assemblée. A peine un coup-d'œil et un signe de tête manifestent quelques pensées profondes et menaçantes; chacun, à son tour, approcha du trône, feuilleta le livre des lois avec le tranchant de son poignard, et lut à voix basse. Chaque juge sonda l'opinion de sa conscience, mit la main sur son cœur, et tous s'écrièrent : « Malheur! »

Trois fois les murs répétèrent : Malheur!

Dans ce mot, ce seul mot, tout l'arrêt est compris. — Les juges s'entendirent, élevèrent leurs douze glaives, tous dirigés contre le cœur de Konrad, puis se séparèrent en silence.

Et les voûtes répétèrent encore une fois : « Malheur! »

L'ADIEU.

C'est une matinée d'hiver; il vente, il neige. Wallenrod court à travers les vents et les neiges. A peine a-t-il atteint les bords du lac, qu'il appelle, et frappe de son sabre les murs de la tour. — « Aldone, Aldone ! dit-il, me voilà : c'est ton amant; tes vœux sont exaucés ! »

LA SOLITAIRE.

Alf! c'est sa voix! mon Alf! mon bien aimé ! Eh quoi ! déjà la paix? tu reviens sain et sauf? tu ne partiras plus?

KONRAD.

Oh! pour l'amour de Dieu, ne me demande rien. Écoute, ma chère, écoute attentivement, et pèse chaque mot : ils sont morts. — Vois-tu ces incendies, les vois-tu? c'est la Lithuanie qui ravage la terre des Allemands : cent ans ne suffiront pas à fermer leurs plaies, j'ai frappé au cœur ce monstre à cent têtes; leurs trésors, source de leur puissance, sont épuisés; leurs villes incendiées; des flots de leur sang ont coulé; et c'est moi qui l'ai fait : j'ai rempli mon vœu. L'enfer ne saurait inventer une vengeance plus atroce. Je n'en veux plus : je suis homme! Ma jeunesse s'est passée dans la trahison, dans les combats sanglans; aujourd'hui, courbé par l'âge, je suis las de trahisons; impuissant à faire la guerre, j'ai assez de vengeance; et les Allemands sont hommes. Dieu m'a éclairé. J'arrive de la Lithuanie : j'ai vu ces lieux; j'ai vu ton château, le château de Kowno ; il n'est plus que ruines : j'ai détourné les yeux et j'ai passé. Je cours dans la vallée; tu sais bien cette vallée : tout comme auparavant, mêmes forêts, mêmes fleurs, tout était encore comme le soir que nous avons salué la vallée pour la dernière fois; ah! il m'a paru que c'était encore hier! Et cette pierre qui jadis était le terme de nos promenades; cette grande pierre, tu te la rappelles? elle y est encore, couverte de mousse; je l'ai aperçue à peine au milieu des herbes : je les ai arrachées, et j'ai lavé la pierre de mes larmes. Le siège de gazon où tu aimais à te reposer au milieu des ormes pendant les chaleurs de l'été; la source où j'allais chercher de l'eau pour toi; j'ai retrouvé tout cela! J'examinais, j'errais!.. On a laissé jusqu'à ton petit verger que j'entourai de saules secs. Ces saules secs, quel miracle, Aldone! jadis plantés de ma main dans un sable aride, tu ne les reconnaîtrais plus aujourd'hui; ce sont de beaux arbres; les feuilles du printemps s'y balancent, et l'on y voit frémir le duvet de leurs jeunes fleurs. — A cet aspect, une consolation inconnue, un pressentiment de bonheur ont ranimé mon cœur; j'embrassais les saules, je suis tombé à genoux! Dieu puissant, m'écriai-je, puisse ce bonheur s'accomplir! puissions-nous, de retour dans nos contrées natales, habiter un jour un champ lithuanien, y revivre de nouveau : puisse notre sort refleurir à l'ombre de l'espérance!

Oui, laisse-toi persuader; retournons : j'ai du pouvoir dans l'ordre; je ferai ouvrir la tour. Mais, à quoi bon? quand ces portes seraient plus dures que l'acier, je les forcerais, je les briserais. — Là, ma chère, vers notre vallée, là je te conduirai, je te porterai dans mes bras, et plus loin s'il le faut! Il y a, dans la Lithuanie, des déserts; il y a de sombres forêts, la forêt de *Bialowiez*, où on n'entend pas le bruit des armes étrangères, ni la voix d'un vainqueur orgueilleux, ni les gémissemens de nos frères vaincus. Là, dans une cabane retirée, dans tes bras, sur ton sein, j'oublierai qu'il y a des nations au monde; qu'il y a même un monde : nous vivrons pour nous seuls. Viens, dis, le veux-tu?

Aldone se taisait; Konrad s'est tu aussi : il attendait sa réponse. Mais le ciel commençait à se teindre de pourpre. Aldone, je t'en conjure! le jour va venir; les hommes s'éveilleront, et la garde nous surprendra. Aldone! s'écriait-il. Il frémissait d'impatience, la voix lui manqua; il la supplia des yeux, tendit vers elle une main désespérée, se mit à genoux et implora sa pitié. Il embrassait, il baisait les murs froids de la tour. — Non, il n'est plus temps, dit-elle d'une voix triste mais calme, Dieu me prêtera des forces; il me préservera d'une dernière épreuve. En entrant ici, j'ai juré sur le seuil de n'en sortir que pour la tombe. J'ai lutté contre moi, et toi, mon ami, aujourd'hui tu me prêtes secours contre Dieu. Que veux-tu rendre au monde? une ombre misérable? Pense, oh! pense; si, insensée, je me laisse persuader, si je quitte ce cachot, si je me précipite avec ardeur dans tes bras, toi, tu ne me reconnaîtras pas, tu ne me salueras pas, tu détourneras les yeux et demanderas avec frayeur : Ce fantôme affreux est-ce Aldone? et tu chercheras dans mon œil éteint, dans ce visage qui... oh! je tremble à cette idée..... non, jamais..... que la pauvre solitaire n'efface de ton souvenir les traits de la belle Aldone. — Moi-même, je te l'avoue, pardonne, cher amant, toutes les fois que la lune jette une clarté plus forte, si j'entends ta voix, je me cache derrière le mur; moi-même, ô mon bien aimé, je ne désire pas te voir de plus près; tu n'es sans doute plus aujourd'hui ce que tu étais, tu te le rappelles, il y a bien des années, lorsque tu entrais au château avec nos chevaliers; mais, dans mon souvenir, tu as conservé mêmes yeux, même visage, figure, vêtemens, comme un beau papillon, noyé dans l'ambre, conserve à jamais ses couleurs. Alf, mieux vaut pour nous rester tels que nous fûmes jadis, tels que nous nous rejoindrons, mais non plus sur la terre. Abandonnons les belles vallées à de plus fortunés. Moi, j'aime ma retraite de pierre; il me suffit de te voir vivant, d'entendre tous les soirs ta voix délicieuse. Dans cette retraite, cher Alf, point de chagrins qu'on ne puisse adoucir! Renonce aux trahisons, aux meurtres, aux ravages; et tâche seulement de venir plus souvent et de meilleure heure.

Si, — écoute — si autour de cette plaine, tu plantais un rang d'arbres, comme là-bas; si tu faisais venir ces saules chéris et ces fleurs; même cette pierre de la vallée, pour que les enfans du village voisin s'amusent quelquefois sous ces arbres de mon pays, qu'ils tressent en couronnes des fleurs de mon pays et répétent des chansons lithuaniennes: une chanson nationale aide à la rêverie, elle me donnerait des songes de Lithuanie et de toi; et après ma mort, qu'ils chantent aussi sur le tombeau d'Alf.

Alf n'entendait plus, il errait sur les rives sauvages du lac, sans but, sans pensée, sans désir; ici, l'attire un désert, là, une montagne neigeuse; il trouve quelque soulagement, quelque fatigue, dans ces aspects sauvages, et dans la rapidité de sa course. Il se sent mal à l'aise, étouffant au milieu de ces brumes d'hiver; il jette son manteau, son armure, il arrache ses habits; il dépouille son sein de tout, hors le chagrin. Il était matin, quand il vint près des remparts de la ville. Il aperçoit comme une ombre, s'arrête, observe; l'ombre tourne autour de lui, glisse sur la neige, et se perd dans les fossés; on n'entend que le cri: Malheur! malheur! malheur! à ces mots, Alf s'éveille, s'étonne, réfléchit un instant. Il a tout compris. — Il tire son épée, se retourne de tous côtés, épie d'un œil inquiet; mais rien à l'entour: seulement à travers les guérêts, roule la neige en tourbillons: le vent du nord sifle; il regarde la rive, s'arrête ému, puis d'un pas lent et chancelant, il retourne vers la tour d'Aldone.

Il l'aperçut de loin, elle était encore à la fenêtre. — Bon-jour, dit-il! pendant tant d'années je ne t'ai vue, que la nuit : et maintenant, bon-jour! Quel bon augure, le premier bon-jour après tant d'années.

ALDONE.

Je ne veux plus augurer ! adieu, ami; il fait trop clair..... si l'on te reconnaît!... cesse de me persuader, adieu, à ce soir, je ne puis plus sortir, je ne le veux plus.

ALF.

Il n'est plus temps, sais-tu, ce que je te demande? jette-moi quelques fleurs, non tu n'as pas de fleurs. Eh bien, un fil de ta robe, une boucle de tes cheveux, une pierre de ta tour : mais aujourd'hui. — Demain n'est pas pour tout le monde. Je veux pour souvenir, un présent nouveau, qui aujourd'hui encore ait paré ton sein, et où brille encore une fraîche larme, je veux le déposer sur mon cœur avant de mourir, je veux lui dire le dernier adieu, je dois périr bientôt, de suite! ah, périssons ensemble. Vois-tu cette tourelle de la ville, la plus prochaine? c'est-là que je vais demeurer : pour signal, je vais suspendre, chaque matin, un mouchoir noir. Chaque soir j'allumerai une lampe à la grille; regarde la sans cesse, si je jette le mouchoir, si la lampe s'éteint, ferme ta croisée, je ne reviendrai plus.

Adieu! il part et disparaît. Penchée aux barreaux, Aldone le suit des yeux; le matin s'écoula, le soleil se coucha, et long-temps encore, on vit ses blancs vêtemens jouer avec le vent, et ses bras tendus vers la terre.

Le soleil est couché, dit Alf à Halban, en lui montrant le ciel, de la croisée de la tourelle, où il s'est enfermé dès le matin.

Il restait à regarder la fenêtre de la solitaire. Donne-moi

mon sabre et mon manteau, adieu! fidèle serviteur, je m'en vais à la tour, adieu pour long-temps, pour jamais peut-être; écoute Halban, si, demain quand le jour poindra, je ne reviens pas, quitte ce séjour. — Je veux, je voudrais te faire une prière. — O que je suis isolé! je n'ai personne au ciel et sur la terre, à qui me confier à l'heure du trépas, hors elle ou toi.

Adieu! Halban, elle le saura, tu jetteras le mouchoir si demain matin...., mais qu'est-ce : entends-tu? on frappe à la porte. — Qui est-là? demande trois fois le garde : Malheur répondent des voix farouches. Les gardes n'ont pu résister, la porte n'a point soutenu le choc violent des coups. Déjà le cortège parcourt les corridors d'en-bas; déjà dans l'escalier de fer qui conduit à la demeure de Wallenrod, le bruit des pieds armés résonne. — Alf barre sa porte, tire le sabre, prend la coupe sur la table, va à la fenêtre : C'en-est-fait, dit-il. — Il verse et boit — A toi, vieillard. Halban pâlit, et veut d'un geste faire tomber le breuvage; mais il s'arrête et réfléchit; derrière la porte on entend le bruit approcher; il laisse tomber sa main. — Ce sont eux, les voilà. Vieillard, comprends-tu ce que ce bruit signifie? — A quoi penses-tu donc? Le vase est plein, le mien est bu, à toi vieillard.

Halban le regardait dans le silence du désespoir. — Non mon fils, je te survivrai! je veux rester pour fermer tes paupières, et demeurer pour conserver au monde la gloire de ton action, pour la redire aux siècles.

Je parcourrai les villages, les châteaux et les villes de Lithuanie, là où je ne pourrai aller, ma chanson ira : un barde la chantera aux guerriers dans les batailles, une femme la dira chez elle à ses enfans; elle la chantera, et un jour dans l'avenir, ma chanson fera naître un vengeur.»

Alf tout en larmes tombe sur la croisée, et long-temps il fixe les yeux sur la tour, comme s'il désirait se repaître encore du doux aspect qu'il va perdre à jamais; il embrasse Halban; leurs soupirs se confondent dans ce dernier embrassement long et muet.

Déjà les verroux crient sous l'acier; on entre, on appelle Alf par son nom.

« Traître, ta tête va tomber sous le glaive; fais pénitence, prépare-toi à la mort : voilà un chapelain de l'Ordre, purifie ton âme et meurs comme il faut. » Alf les attendait l'épée à la main, mais il pâlit, faiblit, chancelle, se penche sur la fenêtre et, roulant des yeux menaçans, il arrache son manteau, jette à terre les insignes de grand maître, et les foule aux pieds avec un sourire de mépris.

« Voilà les péchés de ma vie, je suis prêt à mourir : que voulez-vous de plus? Compte de mes actions !.... Regardez tant de milliers d'hommes perdus, vos villes en cendres, vos terres en flamme; entendez-vous les vents? ils poussent des nuages de neige; là meurent de froid les débris de vos armées; entendez-vous les hurlemens des chiens affamés? ils dévorent et se disputent les restes de ce repas.

» C'est moi qui l'ai fait! Oh! que je suis grand et fier! tant de têtes de l'Hydre, coupées à la fois! Comme Samson, qui, d'un seul ébranlement de colonne, faire écrouler tout l'édifice, et périt sous ses ruines!...»

Il dit, jette un regard à travers les barreaux, et tombe inanimé; mais avant, il a poussé la lampe qui tourne trois fois, luit et cheoit devant le front de Konrad. Dans l'huile renversée expire une étincelle, qui se noie et s'obscurcit lentement. Enfin, comme un signal de mort, elle répand un dernier éclair de lumière; à cet éclair on vit les yeux d'Alf blanchir : et la lumière s'éteignit.

Au même instant perçait les murs de la tour un cri subit, fort, prolongé, entrecoupé. — D'où venait-il? devinez-le; mais celui qui l'aurait entendu aurait aisément reconnu que le sein d'où partait un tel gémissement ne rendrait plus de voix. Dans ce cri, s'est épuisée toute une vie. Ainsi les cordes d'un luth résonnent et se brisent sous un coup trop violent ; leurs sons confus annoncent le prélude du chant, mais personne n'espère plus en entendre la fin.

Tel est mon chant sur le sort d'Aldone, que l'ange de l'harmonie l'achève dans le ciel et l'auditeur sensible dans son âme.

NOTES.

Page 10. *Une femme pieuse, inconnue.* — Les chroniques de ces temps font mention d'une femme de village qui, arrivée à Marienbourg, demanda qu'on la murât dans une cellule à part où elle finit ses jours. Son tombeau fut renommé à cause des miracles qui s'y opéraient.

Page 11. *Fions-nous à la voix prophétique de la solitaire...* Pendant l'élection, si les avis étaient divisés ou incertains, on prenait pour augure de semblables événemens, et ils influaient sur le vote du chapitre. Ainsi Winrych Kniprode avait obtenu toutes les voix, parce que quelques frères avaient entendu dans les tombeaux des grands-maîtres ces paroles : Winrych, l'Ordre est en danger.

Le château de Swentorog. Le château de Wilno, où était entretenu le *znicz*, ou feu sacré éternel.

Page 25. *La chanson du Waïdelote.* — Les Waïdelotes, Sigonotes et Lingustones étaient des prêtres dont le devoir était de raconter ou de chanter au peuple les exploits des ancêtres pendant les diverses cérémonies et surtout pendant les fêtes du bouc en automne. On s'est convaincu, par le grand nombre de chansons qui se sont conservées parmi ce peuple, et par le témoignage des historiens, que les Lithuaniens aimaient et cultivaient la poésie. Nous lisons dans Stryikowski, célèbre chroniqueur de la Pologne, que, à l'enterrement des princes, un prêtre chantait leurs actions; qu'au temps de *Miechovite* (chroniqueur), on répétait encore la chanson du prince Sigismond, assassiné par les kniaz de Russie. Mais un détail plus remarquable et plus important se trouve dans un ouvrage allemand : « Versuch einer geschichte der Hochmeister », imprimé à Berlin en 1798. L'auteur de ce livre précieux cite la chronique très-ancienne de Vincent de Mayence, qui était chapelain du grand-maître Dusener von Arfberg, qui écrivait l'histoire de son temps (1346). Nous y lisons qu'au grand repas donné à l'occasion de l'élection du grand-maître Vinrych von Kniprode, un *Minnesinger* chantait, qu'il fut honoré des applaudissemens de l'assemblée et gratifié d'un gobelet d'or. Une réception aussi distinguée, faite à un poète, encouragea un Prusse, nommé Rixelus, qui y assistait, et il demanda la permission de chanter dans sa langue maternelle lithuanienne. Il loua les exploits de Waydevoute, premier roi des Lithuaniens. Le grand-maître et les croisés, n'entendant pas cette langue, et ne l'aimant pas, donnèrent au poète une assiette de noix vides. Les assertions de Kotzebue et de Bohusz, qui disent que la Lithuanie fut riche en poésies historiques et héroïques ne doivent point nous paraître étonnantes quoiqu'elles ne soient point arrivées jusqu'à nous. Dans la Prusse, les croisés défendaient, sous peine de mort, de se servir de la langue lithuanienne. Ils bannirent du pays les Waïdelotes, qui étaient les bardes de la Lithuanie, avec les Bohémiens et les Juifs; et ces Waïdelotes seuls savaient et pouvaient chanter les événemens nationaux. D'un autre côté, ces bardes anciens et la langue du pays furent condamnés au mépris et à l'oubli après l'introduction de la langue polonaise. Depuis ce temps-là, le peuple étant devenu esclave, employé à l'agriculture, et ayant délaissé les armes, a oublié aussi ses chansons héroïques, et ne répète plus que des élégies et des bucoliques, plus adaptées à son nouveau genre de vie. S'il restait encore quelque chose de ses anciennes traditions et de ses poésies héroïques, on ne se le communiquait qu'en secret, dans l'intérieur des manoirs et de la vie domestique, ou dans des cérémonies entremêlées de pratiques payennes. Simon Grunau, au seizième siècle, arriva par hasard dans un lieu où l'on célébrait la fête du bouc, et il fut trop heureux d'obtenir qu'on lui fit grâce de la vie, en promettant sous serment aux paysans de ne jamais divulguer ce qu'il verrait et entendrait. Alors, après le repas, le vieux Waïdelote commença à chanter les exploits des anciens héros de la Lithuanie, en entremêlant ses chants de réflexions morales et de prières. Grunau, qui comprenait très-bien le lithuanien, avoue qu'il ne se serait jamais attendu à entendre quelque chose de semblable de la bouche d'un Lithuanien, tant était grande la beauté du sujet et de l'expression.

Page 18. Une femme, emblême de la peste, se montre visiblement. Le peuple de Lithuanie se représente la peste sous la forme d'une femme, dont l'apparition, suivant une fable populaire, précède quelque maladie affreuse.

Page 29. J'avais le nom de Valter. Valter von Stadion, fait prisonnier par les Lithuaniens, épousa la fille de Keistut, et quitta secrètement la Lithuanie avec elle. Il arrivait souvent que des Prusses ou des Lithuaniens, enlevés dans leur enfance et élevés en Allemagne, retournaient dans leur patrie et devenaient les ennemis les plus redoutables des Allemands. Tel fut le Prusse Hercus Monte, fameux dans les fastes de l'Ordre.

Page 45 Le tribunal secret. Dans le moyen âge, lorsque les seigneurs puissans se livraient impunément à toutes sortes de crimes, l'autorité des tribunaux ordinaires n'étant pas suffisante à les dompter, il se forma une société, dont les membres, sans se connaître entre eux, s'obligeaient sous serment de punir les coupables sans épargner leurs propres amis ou parens. Aussitôt que les juges secrets avaient porté l'arrêt de mort, on le signifiait au condamné en criant sous ses fenêtres, ou quelque part en sa présence : *Malheur!* Ce mot, répété trois fois, servait d'avis et quiconque l'avait entendu se préparait à la mort qu'il devait recevoir infailliblement et à son insu d'une manière ignorée. Il est difficile de fixer le temps de l'origine de ce tribunal.

Nous avons appelé notre poème historique, parce que c'est dans l'histoire que nous avons puisé nos caractères et nos événemens principaux.

D'après les chroniques, Konrad Wallenrod n'était pas issu en ligne directe de la fameuse famille allemande de Wallenrod, quoiqu'il passât pour un de ses membres. Il était probablement enfant naturel, et la chronique de Kœnigsberg (de la bibliothèque de Wallenrod), le dit fils d'un prêtre.

Nous lisons diverses traditions contradictoires sur le caractère de cet homme extraordinaire. La plupart des auteurs lui reprochent l'orgueil, la cruauté et l'ivrognerie, la dureté pour ses sujets, peu de zèle pour la foi et même de la haine pour les ecclésiastiques. D'autre part, quelques contemporains lui attribuent la grandeur d'âme, la valeur, la noblesse et la force de caractère; et il est évident que sans de grandes qualités il n'aurait pas pu garder son pouvoir, au milieu d'une haine générale et des calamités qu'il avait préparées à l'Ordre. Reprenons maintenant la conduite de Wallenrod. Quand il prit les rênes du gouvernement, il y avait une belle occasion de faire la guerre à la Lithuanie, car Witold lui-même promettait de conduire les Allemands à Wilno, et de bien payer leur secours. Wallenrod pourtant différait la guerre, et ce qui est pire, il offensa Witold. Puis mit en lui une confiance si imprudente, que ce prince, s'étant secrètement réconcilié avec Jagellon, non-seulement abandonna la Prusse, mais, sur son passage, entrant comme allié dans les châteaux des Allemands, y mit le feu et passa au fil de l'épée les garnisons. Dans une circonstance si défavorable, il fallait renoncer à la guerre, ou l'entreprendre avec beaucoup de précautions. Le grand-maître annonce alors une croisade, dissipe en préparatifs les trésors de l'Ordre, (5 millions de marcs, environ un million de florins hongrois, somme immense pour ce temps) et se dirige vers la Lithuanie. Il pouvait conquérir Wilno s'il n'avait pas perdu son temps à des fêtes, et à attendre des secours. L'automne arriva; Wallenrod, ayant laissé le camp sans vivres, se retira en Prusse en toute hâte. Les chroniqueurs et les historiens qui les suivirent ne peuvent expliquer la cause de ce départ précipité et n'en trouvent pas la raison dans les circonstances connues. Toutes ces contradictions dans le caractère et la conduite de notre héros s'expliquent si l'on suppose qu'il était Lithuanien et n'entra dans l'Ordre que pour venger son pays; car, en vérité, son règne porta le coup le plus terrible à la puissance des croisés. Nous supposons que Wallenrod était ce Walter Stadion; abrégeant seulement de quelques années le temps qui sépare le départ de Walter de Lithuanie et l'apparition de Wallenrod à Marienbourg. Wallenrod mourut subitement en 1394. — Des événemens extraordinaires, disent les chroniqueurs du temps, accompagnèrent son trépas. Il mourut en démence, sans sacremens. Un peu avant sa mort il y eut des orages, des pluies, des inondations; la Vistule et la Nogate rompirent leurs digues et se creusèrent un lit à l'endroit où est aujourd'hui Pilau.

Halban, ou comme les chroniques l'appellent, docteur Leander von Albanus, moine, unique et inséparable compagnon de Wallenrod, bien qu'il feignît la piété, était suivant les chroniqueurs, payen et peut-être sorcier. On ne sait rien de son trépas. Les uns disent qu'il se noya, les autres qu'il se sauva secrètement ou que les diables l'emportèrent.

Les passages des chroniques que nous venons de citer sont tirés de l'ouvrage de M. Kotzebue intitulé : Histoire de Prusse, pièces justificatives et éclaircissemens.

LE FARIS[1].

CASSIDE EN L'HONNEUR DE L'ÉMIR JADJ'OUL FEKHER,

(Le comte Venceslas Rzewuski, connu sous ce nom en Arabie).

Qu'il est heureux l'Arabe, lorsqu'il lance son coursier du haut d'un rocher dans le désert; lorsque les pieds de son cheval s'enfoncent dans le sable avec un bruit sourd, comme l'acier rouge qu'on trempe dans l'eau. Le voilà qui nage dans l'océan aride et coupe les ondes sèches de sa poitrine de dauphin.

Plus vite et plus vite, déjà il effleure à peine la surface des sables; plus avant, plus avant encore, déjà il s'élance dans un tourbillon de poussière.

Il est noir, mon coursier, comme un nuage orageux. Une étoile brille sur son front comme l'aurore. Il étale au vent sa crinière d'autruche, et ses pieds blancs jettent des éclairs.

Vole, vole, mon brave aux pieds blancs. Forêts, montagnes, place, place!

En vain un vert palmier m'offre son ombre et ses fruits, je m'arrache à son abri. Le palmier honteux s'enfuit, se cache dans un oasis et du bruit de ses feuilles semble rire de ma témérité.

(1) *Faris*, cavalier. C'est un titre d'honneur chez les Arabes bédouins, équivalent au titre de chevalier dans le moyen âge.

Nous devons à la complaisance de M. David cette traduction faite par le poète lui-même, dont cet illustre sculpteur est depuis long-temps l'ami.

Les rochers, gardiens de la frontière du désert, tournent vers moi un visage sombre et noir, répètent les échos de mon galop, et semblent me menacer ainsi :

« Insensé ! où court-il ? Là, sa tête ne trouvera plus d'abri » contre les flèches du soleil, ni sous la verte chevelure d'un » palmier ni sous le sein blanc d'une tente. Là il n'y a qu'une » seule tente; celle des cieux. Les rochers seuls y couchent ; » seules les étoiles y voyagent. »

Je cours, je cours; je tourne les yeux et je vois les rochers honteux s'enfuir, et se cacher les uns derrière les autres.

Mais un vautour a entendu leurs menaces et il croit follement qu'il me fera prisonnier dans le désert, et il fond à travers les airs à ma poursuite. Trois fois il entoure ma tête d'une couronne noire.

« Je flaire, je flaire, crie-t-il, l'odeur d'un cadavre ! O » cavalier insensé ! ô coursier insensé ! Le cavalier cherche-t-il ici le chemin? le coursier cherche-t-il ici la pâture ? Le » vent seul cherche ici son chemin, les serpens seuls trouvent » ici leur pâture. Il n'y a que les cadavres qui couchent ici; » Il n'y a que les vautours qui voyagent ici. »

Il criait et il me menaçait de ses griffes luisantes. Trois fois nous nous mesurâmes des yeux, et qui de nous s'est effrayé ? C'est le vautour qui s'est effrayé.

Je cours, je cours, et lorsque je tournai les yeux, le vautour était bien loin, bien loin, suspendu au ciel comme une tache noire de la grandeur d'un moineau, puis d'un papillon, puis d'un cousin, et il se fondit dans le bleu des cieux.

Vole, vole, mon brave aux pieds blancs. Rochers, vautours, place, place !

Mais un nuage a entendu les menaces du vautour, et déployant ses ailes blanches sur le bleu, s'est mis à ma poursuite. Il veut passer dans le ciel, pour un coureur aussi intrépide que je le suis sur la terre. Il se suspend au-dessus de ma tête et telle est la menace qu'il sifle avec le vent :

« Insensé ! où court-il ? là, la chaleur fera fondre sa poi-
» trine, aucun nuage ne lavera avec la pluie sa tête couverte
» d'une poussière ardente ; aucun ruisseau ne l'appellera de
» sa voix argentine, pas une goutte de rosée ne tombera jus-
» qu'à lui. Car, avant qu'elle tombe, un vent aride l'aura sai-
» sie au vol. »

C'est en vain qu'il me menaçait. Je cours, je cours ; le nuage, épuisé de fatigue, commence à chanceler au ciel, il penche sa tête et il s'appuye contre un rocher. Lorsque je tournai mes yeux, déjà tout un horizon était entre nous. J'aperçus encore le nuage et je vis sur sa figure ce qui se passait dans son cœur. Il devint tout rouge de colère et puis il devint tout jaune d'envie, et puis il devint noirâtre comme un cadavre, et il s'ensevelit derrière les rochers.

Vole, vole, mon brave aux pieds blancs. Vautours, nuages, place, place !

Alors je fis avec mes yeux le tour de l'horizon comme si j'étais soleil, et je ne vis autour de moi personne.

Ici la nature endormie n'a jamais été éveillée par l'homme. Ici les élémens restent tranquilles autour de moi, comme les animaux, dans une île découverte pour la première fois, ne s'effraient pas des premiers regards d'un homme.

Mais, ô Allah ! Je ne suis donc pas ici le premier, le seul ? Dans un camp retranché de sable, je vois briller une troupe. Sont-ce des voyageurs, ou des brigands qui guettent un voyageur ? Comme ils sont blancs, ces cavaliers ! et leurs coursiers sont d'une blancheur affrayante. J'accours, ils ne bougent pas. Je crie ils ne répondent pas.

O Allah ! ce sont des cadavres. Une ancienne caravane déblayée du fond des sables par le vent ! sur les ossemens des chameaux sont assis des squelettes d'arabes ; par les trous où furent jadis les yeux, et par les machoires décharnées, le sable ruiselle et semble murmurer une menace :

« Insensé ! où court-il ? plus loin il rencontrera des oura-
» gans. Je cours, je cours. Cadavres, ouragans, place, place ! »

Un ouragan, le plus terrrible des agitateurs de l'Afrique se promenait solitaire sur l'océan de sable ; il m'aperçoit de loin, il s'étonne, il s'arrête et, roulant sur lui-même, il se dit :

« Quel est ce vent de mes jeunes frères, qui, avec sa stature
» chétive et son vol traînant, ose s'aventurer ainsi jusque dans
» mes déserts héréditaires ? »

Il rugit et marche sur moi comme une pyramide mobile. En reconnaissant que je suis un mortel et que je ne cède pas, furieux, il frappe du pied la terre et bouleverse la moitié de l'Arabie. Il me saisit comme le vautour saisirait un moineau. Il me bat de ses ailes tourbillonnantes, me brûle de son haleine enflammée, me lance en l'air, me jette à terre.

Je saute et je combats, je romps les nœuds gigantesques de ses tourbillons. Je le déchire, je le mords, je broye entre mes dents les morceaux de son corps sablonneux. L'ouragan veut s'échapper de mes bras en forme de colonne ; il ne peut se dégager et se brise en sillons. Sa tête retomba, dissoute en pluie de poussière, et son cadavre énorme s'étendit à mes pieds comme le rempart d'une ville.

Alors, je respirai, je levai les yeux et je fixai avec fierté les étoiles, et toutes les étoiles fixaient sur moi leurs yeux d'or, car elles ne voyaient dans le désert que moi seul.

O ! comme il est doux de respirer ici de toute la largeur de sa poitrine ! Je respire librement, pleinement, largement. Tout l'air de l'Arabistan suffit à peine à mes poumons. O ! comme il est doux de regarder ici de toute l'étendue de sa vue, mes yeux s'élargissent, se renforcent, ils percent au-delà des bords de l'horizon. O ! comme il est doux d'étendre ici les bras, franchement, librement, dans toute leur longueur. Il me semble que j'embrasserais de mes bras tout l'univers de l'Orient à l'Occident. Ma pensée s'élance comme une flèche plus haut et plus haut, et plus haut encore, jusques dans l'abîme du ciel. Et, comme l'abeille ensevelit sa vie avec l'aiguillon qu'elle enfonce, ainsi moi, avec ma pensée, je plonge mon âme dans les cieux.

Traduit du polonais et donné à M. David, en signe d'amitié, par Adam Mickiewicz.

15 septembre (1829).

Wenn der Dichter will versehen
Muss in Dichters Lande gehen.

GOETHE

SONNETS DE KRIMÉE.

1. LES STEPPES D'AKERMANN.

Me voilà lancé sur l'étendue d'un océan aride; mon char plonge dans la verdure et la fend comme une barque: au milieu des vagues de la prairie bruissante; au milieu de cette inondation de fleurs, je respecte les buissons du *Burzan*, (1) dont l'éclat est celui du corail.

Le crépuscule tombe; nulle part, ni chemin, ni colline; je regarde le ciel, j'y cherche des étoiles, guides de ma barque; là, au loin, semble briller une nue; là, s'élève une aurore : c'est le Dniester qui brille; c'est le fanal d'Akermann qui s'élève.

Arrêtons-nous : quel silence? J'entends le vol des grues que l'œil du faucon n'atteindrait pas; je sais où le papillon se balance sur l'herbe.

Je sais où le serpent glisse à travers les feuilles et déroule ses lisses anneaux; dans un tel silence, je tiens mon oreille si attentive que j'entendrais une voix du fond de la Lithuanie. — Partons, personne n'appelle.

2. UN CALME.

(A LA HAUTEUR DE TARKANKUT.)

Le vent effleure à peine la flamme du pavillon, l'onde réfléchit la lumière, et son sein se soulève mollement comme

(1) Plante commune dans les steppes de l'Ukraine.

celui d'une jeune amante, qui, rêvant le bonheur, s'éveille pour soupirer et soudain se rendort.

Les voiles, comme des drapeaux après la guerre finie, dorment sur les mâts dépouillés; le vaisseau se balance d'un mouvement presque insensible, et semble fixé par une chaîne. Le matelot respire, le cercle des voyageurs s'égaie à ce spectacle.

O mer, parmi tes joyeux habitans, vit le polype qui dort au fond de tes eaux, quand le ciel se couvre de nuages, et qui, dans le calme, étale ses longs rameaux.

O pensée! dans tes profondeurs siége un hydre de souvenirs qui dort pendant les orages et les chocs terribles de la fortune; et quand le cœur est calme, elle y enfonce ses griffes.

5. LA TRAVERSÉE.

Le bruissement des vagues redouble, les horreurs de la mer se font voir plus pressées; le matelot s'élance aux cordages; préparez-vous, enfans? L'y voilà, il s'y étend, il se suspend dans ces rets insaisissables à l'œil, comme une araignée qui guette le premier tremblement de ses filets.

Le vent! le vent! le vaisseau s'irrite, secoue le frein, et, battu par l'orage, plonge dans le tourbillon écumeux, lève la tête, foule aux pieds les flots, et vole à travers les cieux; il sillonne les nues de son front, et enferme les vents sous ses ailes.

Et mon esprit aussi vole dans ce chaos, aussi vite que le mât; l'imagination se gonfle comme les voiles, et, malgré moi, je mêle mes cris aux cris du joyeux équipage.

Je tends les bras, je tombe sur le vaisseau; je pense hâter son vol de l'effort de ma poitrine; je me sens plus léger, plus animé, plus heureux; je sais ce que c'est que d'être oiseau.

4. LA TEMPÊTE.

Les voiles sont pliées, le gouvernail brisé, l'onde rugit; avec l'orage retentissent les voix de l'équipage effrayé, les cris des pompes, présage funeste ! les dernières cordes sont arrachées aux mains des matelots; le soleil se couche ensanglanté, avec lui s'en va le reste de l'espoir.

Le vent pousse des hurlemens de triomphe, et sur ces montagnes humides qui s'élèvent en étages du fond de la mer, le génie de la mort apparaît et s'avance vers le vaisseau, comme un soldat qui monte à la brèche.

Les uns sont demi morts ; un autre se tord les mains; un autre, dans les bras de ses amis, leur dit un dernier adieu ; ceux-là prient avant la mort pour repousser la mort.

Un seul voyageur gardait le silence, assis à part et pensant ainsi : Heureux qui peut s'évanouir, ou qui sait prier, ou qui trouve à qui faire ses adieux.

5. LES MONTAGNES

VUES DES STEPPES DE KOZLOW.

LE PÈLERIN.

Est-ce Allah qui a jeté là-bas, au travers, une mer de glace, ou qui d'un nuage gelé a fait couler un trône pour ses anges ? ou sont-ce les Dives (1) qui, d'un quart du continent, ont élevé ces murs pour arrêter la caravane des étoiles, venant de l'Orient.

A la cime, quelle lueur (2) ! C'est l'incendie de la ville des

(1) Les Dives, esprits malfaisans dans la mythologie persane, relégués par les anges derrière la montagne Kaf, aux extrémités du monde.

(2) Au coucher du soleil, les sommets du Czatyrdah, vus d'un certain point, paraissent en feu.

sultans? ou est-ce Allah, qui, lorsque la nuit étend ses sombres voiles, a suspendu ce fanal au milieu de la sphère céleste pour éclairer les mondes qui voguent sur l'océan de la nature?

MIRZA.

Là, j'y suis allé. L'hiver y siége; là, j'ai vu les ruisseaux et les fleuves puiser leurs ondes dans son sein. La neige s'échappait de ma bouche avec mon haleine ; j'avançai

Jusqu'au point où les aigles ne savent plus le chemin, où se termine le cours des nuages ; j'allai au-dessus de la foudre qui dort dans le berceau des orages, j'allai jusque là où il n'y avait au-dessus de mon turban qu'une étoile. — C'est Czatyrdah ! (1)

LE PÈLERIN.

Ah!

6. BAKCZYSARAI (2).

Il est imposant encore, mais désert le palais de Girays: Les galeries, les vestibules que balayait le front des bachas, les sofas, trônes du pouvoir, asile de l'amour, tout est la proie des vers, et la sauterelle s'y joue.

A travers les fenêtres aux mille couleurs, la liane, grimpant sur les murailles et les voûtes muettes, occupe, au nom de la nature, l'œuvre des hommes et grave, comme autrefois aux murs de Balthazar : RUINES.

Au milieu de la salle, est un bassin de marbre ; c'est la fontaine du Harem ; le temps l'a respectée ; et, laissant tomber goutte à goutte ses larmes brillantes comme la perle, elle murmure dans la solitude.

(1) La plus haute des montagnes de Krimée, qui apparaît à la distance de deux cents verstes, comme un nuage gigantesque d'une couleur bleuâtre.

(2) Ancienne capitale des khans de Krimée.

Où êtes-vous, amour, puissance, gloire; vous qui devez durer toujours, tandis que la source coule rapidement. O honte! vous n'êtes plus, et la source coule toujours.

7. BAKCZYSARAI

PENDANT LA NUIT.

Les pieux habitans sortent des *Djamids* (1); l'écho de l'Izan (2) se perd dans le silence du soir; l'horizon fait resplendir ses teintes de rubis; la reine argentée de la nuit vient se reposer dans son sein.

La lumière éternelle des étoiles brille dans le *Harem* des cieux; au milieu d'elles, sur cette plaine de saphirs, vogue un nuage comme le cygne rêveur sur les eaux d'un lac; il a la poitrine blanche et les contours peints en or.

Ici descend une ombre du haut du minaret et de la cîme des cyprès; plus loin apparaissent tout noirs des géans de granit, semblables aux démons qui siègent au divan d'Eblis (3).

Sous la tente des ténèbres, quelque fois de leur cîme jaillit un éclair, et rapide comme le vol du Faris (4), il traverse l'étendue silencieuse de l'azur.

8. TOMBEAU DE POTOCKA (5).

Dans cette terre, asile du printemps, parmi des vergers délicieux, tu t'es fanée, jeune rose! car les joies du passé s'en-

(1) Mosquées.

(2) Les Minarets, à la moitié de leur hauteur, sont entourés de galeries, d'où les muezzins appellent le peuple à la prière : cet appel se nomme Izan.

(3) Eblis, le satan des Mahométans.

(4) Cavalier, chez les Arabes bédouins. (V. plus haut.)

(5) Tombe d'une jeune Polonaise, de la famille des Potocki, enlevée par les Tatars. Elle se voit encore non loin du palais des khans.

volant loin de toi comme des papillons d'or, ont jeté dans ton cœur le ver rongeur du souvenir!

Là, au nord, vers la Pologne, brillent des milliers d'étoiles! pourquoi, si nombreuses dans cette direction? Est-ce ton regard plein de feu qui, avant de s'éteindre dans le tombeau, tourné sans cesse de ce côté, a imprimé ces traces lumineuses?

Polonaise, et moi aussi, je finirai mes jours dans l'isolement et le deuil; puisse une main bienveillante laisser tomber ici une poignée de terre! Les voyageurs s'entretiennent souvent sur ton tombeau:

Et moi, alors le son de l'idiome natal me ranimera; quelque poète, rêvant une triste chanson sur ton sort, apercevra cette tombe voisine, et chantera aussi pour moi.

9. LES TOMBES DU HAREM.

MIRZA AU PÈLERIN.

Ici, sur la vigne d'amour, on a cueilli des raisins précoces pour la table d'Allah! Ici, de la mer des plaisirs et du bonheur, le cercueil a retiré, dans leur fraîcheur, ces perles de l'Orient, et les a précipitées au sein de l'abîme.

Le voile du temps et de l'oubli les a couvertes; un froid turban (1) brille au milieu du jardin comme l'étendard de l'armée des ombres: à ses pieds on lit encore les noms gravés de la main d'un giaour.

O vous, roses d'Eden, vos jours s'épanouirent à la source de l'innocence, à l'ombre de la pudeur, jours cachés à jamais à l'œil infidèle.

Maintenant le regard d'un étranger trouble la paix de votre

(1) Sur les tombes des musulmans, s'élèvent des turbans en pierre, de forme diverse, selon le sexe du mort.

tombeau : je le lui permets. —O grand prophète ! lui seul, de tous les étrangers, en regardant, avait les larmes aux yeux.

10. BAÏDARY (1).

Mon cheval s'élance, rapide comme le vent, et je le presse encore : forêts, vallons, rochers, tour-à-tour coulent à mes pieds, et disparaissent comme les flots d'un torrent. Je veux m'enivrer, m'étourdir de ce tourbillon de tableaux.

Et quand mon cheval tout écumant n'obéit plus à ma voix, quand l'univers perd ses couleurs sous le linceul des ténèbres, les ombres des forêts, des vallons, des rochers se pressent dans mon œil brûlé par le soleil, comme dans un prisme.

La terre dort; moi, je n'ai pas de sommeil. Je me jette dans la mer : une vague enflée, noire, se précipite vers la rive en grondant : je penche mon front vers elle, je tends les bras.

Elle éclate sur ma tête; le chaos m'environne : j'attends que ma pensée, comme une barque saisie par le tourbillon, s'égare un instant et se plonge dans l'oubli.

11. ALUSZTA (2).

PENDANT LE JOUR.

Déjà la montagne secoue ses voiles de brouillard; le champ aux épis d'or retentit du *namaz* (3) du matin : la forêt

(1) Baïdary, vallée délicieuse par laquelle on entre sur la côte méridionale de la Krimée.

(2) Un des endroits les plus délicieux de la Krimée. Au mois de novembre, dit M. Mickiewicz, le voyageur y cherche souvent l'ombre à l'abri de grands noyers d'Italie, encore couverts de verdure.

(3) Prière des Musulmans, qu'ils font assis et en se frappant la poitrine.

courbe sa tête et de sa chevelure de mai comme du rosaire des kalifes, verse rubis et grenats (1).

La prairie est en fleurs, et au-dessus d'elle, des papillons, fleurs aériennes, bigarrés comme l'arc-en-ciel, couvrent l'azur d'un baldaquin de diamans : plus loin, la sauterelle étend ses ailes qui apparaissent comme un vaste linceuil.

Là où un rocher chauve se réfléchit dans les ondes, la mer bouillonne, et repoussée redouble de furie : sur ces flots bruissans la lumière se joue comme dans les yeux d'un tigre,

Annonçant une tempête plus violente pour ce coin de terre, à l'endroit le plus profond, les vagues se balancent légèrement, tandis que les flottes s'y baignent avec des milliers de cygnes.

12. ALUSZTA (2).

DANS LA NUIT.

L'air se rafraîchit, la sécheresse du jour se relâche, la lampe des mondes tombe sur les épaules du Czatyrdah (3), s'y brise, répand à torrens une lumière écarlate, et s'éteint.

Le pèlerin errant se retourne, écoute : déjà les montagnes sont dans l'obscurité; une nuit profonde couvre le vallon; les ruisseaux murmurent comme endormis, sur leurs molles arènes. L'air exhalant mille parfums, musique des fleurs, parle au cœur un langage inconnu à l'oreille.

Je m'endors à l'ombre du silence et de l'obscurité : soudain

(1) Allusion aux mûriers et aux grenadiers qu'on rencontre en foule sur la côte méridionale de la Krimée.

(2) Un des paysages les plus délicieux de la Krimée.

(3) La plus haute montagne de Krimée.

l'éclat éblouissant d'un météore m'éveille : ciel, terre et montagnes, tout nage dans un déluge d'or.

O nuit d'Orient, tu m'endors par tes caresses comme une odalisque, et quand je touche au sommeil, d'un éclair de ton œil tu m'éveilles à de nouvelles jouissances.

13. CZATYRDAH.

MIRZA.

Le muslemin embrasse en tremblant le pied de tes rochers, mât du vaisseau de Krimée, grand Czatyrdah ô minaret du monde, ô Padiszah des montagnes! toi qui, par-dessus les rochers de l'horizon, montes dans les nues.

Tu y siéges à l'entrée des cieux, comme le grand Gabriel garde des palais d'Eden : une forêt sombre est ton manteau; des torrens d'éclairs, janissaires de l'épouvante, brodent ton turban de nuages.

Soit que le soleil nous brûle, que les nuages nous couvrent de ténèbres, que la sauterelle coupe nos moissons, que le giaour incendie nos demeures, Czatyrdah, toi, toujours sourd, toujours immobile.

Debout entre le ciel et la terre, comme un interprête de la création, tenant sous tes pieds terres, hommes, et foudres, tu écoutes le langage que Dieu parle à la nature.

14. LE PÈLERIN.

A mes pieds une région d'abondance et de volupté; au-dessus de ma tête un ciel serein; à mes côtés des traits délicieux : pourquoi donc mon cœur s'envole-t-il loin d'ici vers des contrées reculées, vers des temps, hélas! plus reculés encore?

Lithuanie! le bruit de tes forêts résonnait plus doucement à mon oreille que le chant des rossignols de Baïdary et les vierges du Salhira (1), et je foulais avec plus de joie tes fondrières que les mûriers de rubis et les ananas d'or.

Si, loin de mon pays, des attraits variés me leurrent; cependant, au milieu de tant de charmes, pourquoi est-ce que je soupire sans cesse après celle que j'aimais au matin de mes jours ?

Et elle, dans cette région chérie qui m'est interdite, où tout lui parle de son fidèle amant, lorsqu'elle foule mes traces encore fraîches, se souvient-elle de moi ?

15. LE CHEMIN.

AU-DESSUS DU PRÉCIPICE DE CZUFUT-KALÉ (1).

MIRZA ET LE PÉLERIN.

MIRZA.

Fais ta prière, lâche la bride, détourne le visage : ici le cavalier confie sa tête aux pieds de son cheval. Le brave coursier! Regarde comme il s'arrête, comme il mesure l'abîme des yeux, plie le genou, saisit du pied le bord du précipice

Et s'y suspend. Ne regarde pas : là le coup d'œil jeté n'atteint pas le fond, non plus que dans les puits d'Alkaïr; là,

(1) Fleuve de la Krimée, qui prend sa source aux pieds du Czatyrdah.

(2) Ville sur un roc élevé, et dont les maisons font de loin l'effet de nids d'hirondelles. Le sentier qui y conduit est âpre et suspendu sur un précipice. Des fenêtres des maisons la vue se perd dans un abîme immense.

ne lève pas la main, car la main n'est pas ailée; ne laisse pas aller ta pensée, car la pensée est comme l'ancre,

Qui, lancée d'une barque fragile dans l'immensité de l'abîme, tombe, semblable à la foudre, mais ne perce pas la mer jusqu'au fond, et entraîne la barque avec elle dans les gouffres du chaos.

LE PÈLERIN.

Mirza, j'y ai jeté un regard! à travers les fentes du monde j'y ai vu — ce que j'ai vu, je le conterai — après la mort: car, dans le langage des hommes, il n'y a pas de termes pour l'exprimer.

16. LA MONTAGNE DE KIKINEIS.

Regarde dans le précipice; ces cieux qui s'étendent en bas, c'est la mer! Au milieu de ces forêts, il semble que l'oiseau-mont(1), tué d'un coup de foudre, a développé ses ailes gigantesques en un cercle plus vaste que l'arc-en-ciel:

Et qu'il a couvert d'une île de neige les plaines azurées des cieux. Cette île, voguant dans le précipice, c'est le nuage! De son sein, une nuit sombre s'abaisse sur la moitié du monde. Vois-tu ce ruban enflammé sur son front (2)?

C'est la foudre! mais, arrêtons-nous: le précipice sous nos pieds, il faut le franchir à toute bride; je m'élance: toi, prépare l'éperon et le fouet.

(1) C'est le fameux *Simurg* de la mythologie persane. Firdussi dit de lui qu'il est grand comme une montagne, fort comme une tour, qu'il enlève un éléphant dans ses serres.

(2) Du haut des montagnes élevées, si on abaisse le regard sur les nuages qui semblent suspendus sur la mer, ils paraissent s'étendre en forme de grandes îles blanches: j'ai observé ce curieux phénomène du haut du Czatyrdah.

Quand je disparaîtrai à tes yeux, regarde par les fentes de ces rocs ; si une plume brille, ce sera mon kolpak ; sinon, que nul mortel n'y hasarde ses pas.

17. RUINES DU CHATEAU DE BALAKLAWA (1).

Ces châteaux, réduits en innombrables décombres, t'embellissaient et te gardaient, ô ingrate Krimée ! aujourd'hui ils hérissent les rochers comme des crânes de géans ; les reptiles les habitent, ou des hommes pires que les reptiles.

Escaladons la tourelle ; je cherche les traces des armoiries : voilà une inscription, peut-être le nom d'un héros, terreur des armées, qui dort dans l'oubli, enveloppé comme un ver des feuilles de la vigne sauvage.

Ici, le Grec ciselait dans les murs les ornemens attiques : là, l'Italien imposait des fers aux Mongols : là, le pèlerin de la Mecque murmurait un pieux *namaz*.

A présent les vautours planent autour des tombeaux avec leurs ailes noires, semblables à ces drapeaux de deuil, qui, dans une ville dépeuplée par la peste, flottent éternellement au haut des bastions.

18. AJUDAH.

Appuyé sur le rocher d'Ajudah, j'aime à voir comme les vagues écumeuses, tantôt resserrées en lignes noires, se brisent; et tantôt, comme des neiges argentées, se balancent majestueusement et font resplendir des millions d'arcs-en-ciel.

Si elles touchent la grève, elles éclatent en flots ; ces flots

(1) Sur le golfe de ce nom s'élèvent les ruines d'un château bâti par des Grecs de Milet, et dont les Génois firent plus tard une forteresse, sous le nom de *Cembalo*.

se saisissent de la rive, comme une armée de baleines, occupent en triomphe le continent, et, bientôt fugitifs, laissent derrière eux coquilles, perles et coraux.

Ainsi, dans ton cœur, ô jeune poète, la passion excite souvent de terribles orages. Mais sitôt que tu prends ton luth, elle s'enfuit, domptée,

Va se plonger dans l'abîme de l'oubli; et laisse derrière elle des chants immortels, fleurs, dont l'avenir tressera plus tard une couronne pour ton front.

www.ingramcontent.com/pod-product-compliance
Ingram Content Group UK Ltd.
Pitfield, Milton Keynes, MK11 3LW, UK
UKHW031937260826
14628UKWH00004B/1695

9 782329 493312